基于绿色生态理念的中国城市产业规划研究

Research on Urban Industrial Planning in China Based on the concept of green Ecology

仲崇文 著

北京市哲学社会科学规划办公室
北京市教育委员会
北京现代产业新区发展研究基地
首都清洁能源供应和使用安全保障技术协同创新中心
资助出版

北京理工大学出版社
BEIJING INSTITUTE OF TECHNOLOGY PRESS

图书在版编目（CIP）数据

基于绿色生态理念的中国城市产业规划研究 / 仲崇文著. —北京：北京理工大学出版社，2020.6

ISBN 978-7-5682-8588-9

Ⅰ.①基… Ⅱ.①仲… Ⅲ.①城市经济-产业经济-经济规划-研究-中国 Ⅳ.①F299.2

中国版本图书馆CIP数据核字（2020）第110574号

出版发行 / 北京理工大学出版社有限责任公司
社　　址 / 北京市海淀区中关村南大街5号
邮　　编 / 100081
电　　话 / （010）68914775（总编室）
　　　　　（010）82562903（教材售后服务热线）
　　　　　（010）68948351（其他图书服务热线）
网　　址 / http：//www.bitpress.com.cn
经　　销 / 全国各地新华书店
印　　刷 / 保定市中画美凯印刷有限公司
开　　本 / 710毫米×1000毫米　1/16
印　　张 / 12
字　　数 / 203千字
版　　次 / 2020年6月第1版　2020年6月第1次印刷
定　　价 / 52.00元

责任编辑 / 张海丽
文案编辑 / 杜　枝
责任校对 / 刘亚男
责任印制 / 李志强

前　言

改革开放四十年，中国经济得到了飞速的发展，一跃成为世界领先的生产和出口大国，近些年更被誉为“世界工厂”。快速的工业化发展虽然提高了我国的经济实力和国际地位，促进了全国各地区经济的繁荣，也极大地改变了我国各地区的经济结构，但同时也极大地影响了资源供需平衡和生态环境状况，盲目地发展经济更给我国的资源和环境带来巨大压力。习总书记在中共十九大报告中明确指出：“我们要建设的现代化是人与自然和谐共生的现代化”，同时，还提出在我国的“十三五”规划中，也将生态文明建设作为重要目标，并通过一系列创新机制促使其实现。《生态城市绿皮书（2014）》指出，生态建设是生态文明与城镇化建设的历史契合点，是城镇建设的目标和方向。本研究以实现我国“十三五”绿色发展为契机，基于绿色生态理念，在对国内外相关文献进行了系统梳理的基础上，重点研究了基于绿色生态理念进行合理、有效的城市产业规划的相关理论工具和方法，试图为科学、理性的可持续发展进行产业规划提供理论和方法支持。

首先，本书梳理了区域产业结构演进规律、区域产业结构变动与经济增长、区域产业结构优化理论；在规划评估理论研究进展和相关方法、工具等方面对既有的文献进行了系统地整理与分析。其次，挖掘中国产业集聚可以深入研究中国城市产业发展的空间态势。再次，从产业分析和产业规划流程的视角系统地介绍了产业基本面分析、产业竞争力评价、区域产业结构分析、主导产业选择与确定、产业集群辨识、产业布局模型等常用的定性和定量分析方法与模型，构建了“区域关联、产业发展基础和产业发展潜力”三维互动的主导产业选择模型，并提出了开放性区域的产业结构调整方向与路径。然后，讨论了城市产业规划的组织机制、规划模式及评估体系，即对我国城市产业规划系统进行简要设计的具体实践规范和流程。最后，通过成都锦江绿道产业规划的案例，实际示范了产业规划的实施方法。

作　者

目　　录

第1章　绪　论

在市场经济条件下，产业发展和空间配置应该主要由市场来决定，但市场也存在失灵的情况，尤其是对公共产品、外部效应比较大的产业作用相对有限。另外，企业垄断导致的产业发展和配置的不合理化等问题，完全依靠市场也是无法解决的。因此，在市场经济条件下，仍然需要进行合理的产业规划，但产业规划的目标、思路和重点等不同于计划经济；对于日常生活消费产品和绝大多数工业产品的生产，应该完全由市场来决定，但对于关系国计民生的行业，国家应该在宏观层面加以调控，在空间上要合理布局。

另外，外部效应比较大的产业，如污染严重的行业，政府也要在发展规模和空间布局上加强调控。发挥市场经济对我国产业发展和布局作用的同时，也要重视规划对产业发展和布局的引导和调控作用，以促进我国产业集聚带、产业集聚区、产业集聚点等不同层次区域经济载体的形成和发展，带动我国经济的持续快速发展。

1.1　研究背景和研究意义

1.1.1　研究背景

伴随城镇化进程的不断推进，世界上已有超过50%的人口居住在城市，城市占用着地球85%的资源与能源消耗，成为全球碳排放的主要源头。地球的资源和能源被急剧消耗，人类赖以生存的生态平衡遭到破坏，生态环境不断遭到破坏，环境问题日益突出。为应对城市环境问题，1972年，联合国人类环境研究大会发布《人类环境宣言》，从此，人类开始认识到经济发展与环境恶化之间的关系，直到1987年，联合国世界环境与发展委员会在《我们共同的未来》报告中正式提出了“可持续发展”概念。

习近平总书记提出“绿水青山就是金山银山”的理念，因此，基于绿色生态理念进行城市产业规划势在必行！

生态城市不是一种城市类型，而是城市发展的阶段，何祚庥院士认为，中国作为发展中国家，在生态城市建设方面的探索仍处于起步阶段，必须重视相关经验的吸收和积累。因为生态城市是城市发展的一个阶段，所以生态城市的建设不是一蹴而就的，而是城市环境、社会观念、基础设施的一步步完善与进步。李克强总理指出，未来 15 年“城镇化是中国最大的经济增长点”，这也意味着城市将经受更大的能源与排放的挑战。生态城市是建设生态文明的主要体现，是我国城市可持续发展的必然方向。

如果说过去 40 年，我国的工业化、城镇化道路以牺牲资源、生态和环境为代价，是以资源、劳动力高投入为主的外延式发展模式，那么未来 20 年，我国将会选择资源节约、环境友好、科技先导、效率至上、就业充分的新型工业化发展道路。在这个前提下，中国城市的产业规划应该怎样进行，它的作用和重点是什么就成为当前亟需解决的问题。改革开放的经验告诉我们，过分强调市场的作用，但政府在关系国计民生的重要基础工业发展上缺乏宏观引导和控制，将会产生行业投资过热、低水平重复建设、地区产业结构趋同的问题。

产业发展和规划的理论基础是什么？产业结构演变、产业分工、产业区位和产业空间结构等理论长期以来是指导产业发展和规划的重要理论基础。这个理论基础现在仍然在区域经济学和经济地理学中占有重要的地位。近年来，随着我国新兴产业的迅速萌芽和发展壮大（如现代服务业在城市经济中地位的大幅度提升），跨国企业投资区位选择对地区经济发展的影响作用不断加强，关于服务业区位和跨国公司区位理论的研究成为学术界的热点之一。20 世纪 80 年代以来，以产业集群理论、新产业区理论等为核心的产业空间理论，是近年来经济地理学的重要理论，也是国内外经济地理学和区域经济学研究的前沿理论。对研究产业发展和空间集聚等具有重要意义。另外，信息和通信技术、知识和技术创新、环境管制等新因素对产业布局的影响也在不断增强，因此，新因素对产业布局、产业集聚和产业空间组织的形成过程和作用机制已成为一个重要的研究方向。

我国正处在工业化快速发展和经济增长方式转型时期，各地区的资源、环境承载能力差异较大，产业发展基础、产业集疏形态、产业空间组织方式和产业空间联系内容等不同，需要从不同的空间尺度出发，研究不同类型区域产业发展的因素、格局、模式和空间结构的演化过程和规律，以利于把握产业集聚的特征和趋势。本书就是在这样的背景下开展的，试图基于绿色生态理念对中国城市产业规划的理论和方法进行一些有意义的研究。

1.1.2 研究意义

1.1.2.1 理论意义

长期以来，产业规划理论的发展相对滞后，国内外有关产业规划的文献并不多，理论研究尚不成体系。其理论基础多是区域经济学、产业经济学和发展经济学等相关学科的基本理论，缺少相对成熟的产业规划理论。本书试图从以下三个方面对产业规划理论发展产生一定的积极影响：

第一，区域经济差异理论被纳入产业规划分析框架中，在一定程度上拓展了产业规划理论体系。目前，城市产业规划文献中涉及区域经济差异的研究较少，大多数研究主要关注于区域产业结构调整、区域主导产业选择、区域产业布局等问题，然而，事实上，区域经济差异是城市产业规划的一个客观基础，一些城市产业规划问题正是由于区域经济差异而导致的，合理制定和实施城市产业规划离不开区域经济差异理论的指导。本书在区域经济差异空间和产业分解基础之上，分别讨论了区域经济差异产业分解视角下的区域产业结构调整与升级的相关理论，以及产业生产力空间布局及城乡协调发展机制等的具体内容，拓宽了产业规划理论研究的视角，扩展了理论体系。

第二，本书以经济差异为城市产业规划的客观基础，构建了主导产业三维基准选择模型，是对主导产业选择理论的有力补充。传统的主导产业选择方法大多数只关注区域内部环境分析（如产业发展基础、市场条件、政策环境等），而对区域间经济技术关联及空间相关性等自身形态以外的因素考虑得较少，从而导致了城市产业规划的盲目性和不合理性。基于此，本书从区域关联、产业发展基础和产业发展潜力三个维度进行分析，将区域间产业联动、区域产业空间溢出效应、区域比较优势、技术进步、产业效益、产业关联、内在成长潜力、可持续发展潜力以及政策支持力等因素纳入区域主导产业选择模型，并对上述因素进行定量指标化处理，为政府部门编制城市产业规划尤其是主导产业选择提供了理论工具和方法。

第三，完善城市产业规划的评估体系，为城市产业规划的监督和评估工作提供理论支撑。长期以来，规划评估更加注重规划方案目标的实现度或规划指标的完成情况，而忽略规划决策与实施过程，把城市产业规划决策与实施的过程看作“黑箱”，但是，这种评估方法并没有考虑不确定性因素和实施过程对规划实施结果的影响，规划评估的结果不能完全说明规划的合理性和有效性。综合以上情况考虑，本书建立了基于区域经济差异的城市产业规划的全过程、动态评估模式和框架，从多维度视角对规划的制定、实施和反馈等整个过程进行评估，并在城市产业规划评估过程分解、多维度评估模式探讨的基础上构建了一套城市产业规划评估体系，是完善城市产业规划评估理论一次有意义的尝试。

1.1.2.2 现实意义

尽管2018年我国的经济总量位居世界第二，但人均国内生产总值（GDP）仅为9 608美元，在世界排名第69位，说明中国还属于发展中国家，发展的负担与责任依然很重。作为一个幅员辽阔的国家，我国各地经济社会发展条件的差异性很大，都面临着加快发展的任务，又好又快地进行区域经济建设是中央政府和地方政府亟待解决的问题。编制区域产业发展规划不但是成熟的市场经济国家及服务型政府公共政策体系的重要内容之一，而且也是政府调控区域经济发展的重要手段之一。

编制产业规划要解决两个主要问题：一是合理配置经济资源，即具有较大发展潜力的地区发挥产业比较优势，推动产业高端化发展；二是区域的协调发展，现阶段，较大的区域经济差异已经对我国国民经济的健康、可持续发展产生不良影响，缩小区域差距成为重要的国家发展战略。可以说，城市产业规划已经不再局限于解决区域内部的具体问题，而是在开放经济的条件下和充分考虑与相关区域产业经济联系的基础上，以缩小区域经济差异为目的，公平与效率问题的解决方法。

从严格意义上来说，目前，我国规划界并没有明确提出城市产业规划的编制和实施工作的相关规范，大多数规划是以国民经济和社会发展规划为参考，对区域产业的开发和布局进行一系列政策和制度安排的。城市产业规划工作存在诸多问题，如追求面面俱到，重点不突出；产业规划具有一定的盲目性，产业同构趋势明显；规划的方法、手段较落后，定量分析不足；缺少科学的规划评估体系支撑，规划方案的实施效果不显著；规划制定和决策过程不民主，公众参与度低等。这些规划问题的解决及规划效率的提高，有待进一步完善，因此，基于绿色生态理念下产业规划的理论与方法研究，对我国城市产业规划工作的开展具有积极的实践指导意义。

1.2 研究方法和研究目标

1.2.1 研究方法

由于产业规划研究涉及区域经济学、产业经济学、发展经济学、制度经济学等多门学科的内容。因此，本书所使用的研究方法种类繁多，主要包括实证分析与规范分析、定性分析与定量分析、逻辑推理与建模推导等研究方法。

1. 实证分析方法与规范分析方法相结合

在经济学分析范式中，实证分析方法和规范分析方法是最常用的研究方法。本书关于产业规划理论与方法的研究综合运用了这两种方法。采用实证分析法对我国城市经济差异产业维度分解的基本事实进行描述，为产业结构调整基本方向和实施路径的确定提供客观数据支持。在区域经济协调发展策略研究中，省区、地区和城乡三个地域空间层级下区域经济差异的度量也是实证分析方法的一部分。与此相对应，区域产业生产力空间布局优化和城乡协调发展战略的分析则采用了规范分析方法，这种方法是对“产业规划应该是什么”的回答。同样地，产业规划评估是对产业规划编制、实施及效果作出的一种价值判断，也使用了规范分析方法。

2. 历史分析方法与逻辑推理方法相结合

在区域经济差异与产业规划关联分析中，本书基于历史角度对中华人民共和国成立以后，改革开放以来的“五年计划”（规划）时期内，我国区域政策与区域经济差异变动的关系进行介绍，并将规划这一政策层面的制度因素作为区域经济差异的重要成因，然后，对区域经济差异下产业规划面临的主要问题进行梳理（尤其针对传统的产业规划模式的主要缺陷进行概括），在此基础上采用逻辑推理的方法，讨论区域经济差异与产业规划的互动关联机理，是历史分析方法与逻辑推理方法的有机结合。

3. 定性分析方法与定量分析方法相结合

定性分析方法是一种以实践经验以及主观判断和分析为基础的，从内在属性及客观规律性来研究某一现象或事物的一种方法。由于既有文献对产业规划理论和方法的研究相对较少，并且规划实践过程中信息搜集的难度较高，因此，本书的分析以定性研究为主（例如，基于区域经济差异的产业规划的两大主线，区域产业结构调整的基本方向、区域产业生产力空间布局的主要矛盾与基本原则等内容的论述）；同时，本书运用了定量分析方法（尤其是在产业规划方法的相关研究），主要包括城市主导产业选择的三维基准模型的构建与应用，采用的定量分析方法包括熵值法、AHP判断矩阵法、专家评分法等。

1.2.2 研究目标

本研究基于绿色生态理念对城市产业规划的理论和方法进行了深入探

讨。由于现有相关文献的研究不足，因此，本书试图基于绿色生态理念基于城市经济差异构建一套适合中国城市的产业规划的理论框架和方法体系。本书主要由两大部分组成，一部分，是城市产业规划内容安排的理论与方法研究；另一部分，是产业规划的具体编制及评估的理论与方法（即城市产业规划系统设计），其研究目的是为进行科学的、合理的、有效的区域产业规划提供理论支撑。

具体的研究目标为：首先，对中国城市产业结构调整与区域协调发展进行理论探讨；其次，基于经济差异产业维度分解的视角讨论区域产业结构调整与升级的相关理论（主要包括区域经济差异下区域产业结构调整的机理分析，建立三维区域主导产业选择模型，以及开放性区域产业结构调整方法等内容）；再次，对区域经济差异进行了省区、地区和城乡三个地域空间层级的空间分解，并据此构建区域协调发展的多层次空间组织机制；最后，以产业规划系统设计的研究为落脚点起点，分析区域产业规划的组织机制、规划模式，构建基于区域经济差异的区域产业规划的全过程、动态评估模式和框架，并且从成都锦江绿道产业发展的环境分析、主导产业选择、重点产业发展方向及产业空间布局战略等方面对前文的理论进行验证。

1.3 产业发展与规划的基本理论界定

在市场经济条件下，虽然产业发展和空间配置应该主要由市场来决定，但是市场也存在失灵的情况，尤其是对公共产品、外部效应比较大的产业作用相对有限。另外，企业垄断导致的产业发展和配置的不合理化等问题，完全依靠市场也是无法解决的，因此，在市场经济条件下，仍然需要进行合理的产业规划，但产业规划的目标、思路和重点等不同于计划经济，对于日常生活消费产品和绝大多数工业产品的生产应该完全由市场来决定；而且对于关系国计民生的行业，国家应该在宏观上加以调控，在空间上要合理布局。另外，外部效应比较大的产业（如污染严重的行业），政府也要在发展规模和空间布局上对其加强调控。

发挥市场经济对我国产业发展和布局作用的同时，也要重视规划对产业发展和布局的引导和调控作用，以促进产业集聚带、产业集聚区、产业集聚点等不同层次区域经济载体的形成和发展，带动经济的持续快速发展。

1.3.1　产业发展与规划的基本概念和类型

产业发展既包括不同产业量和质的变化，也包括不同产业间的比例变化和空间组合关系的变化。产业发展中既存在自然发展过程的结果，同时，也存在人为规划的痕迹。合理的产业规划可以促进产业加速发展，反之将会抑制产业发展。

1. 产业发展与产业规划的基本概念

人们无法预知未来，但可以运用理性的分析和经验判断来预见和预想未来。规划不仅仅只有分析和判断。一个成功的规划应包含为实现这种预期的行动内容，以及使规划变为行动的人和组织框架。产业发展和规划既是一种自然的发展过程，也是展现各种组织、集团的利益和期望的有组织的行动结果。

（1）产业发展。

产业发展不同于产业增长，其不仅包含产业整体或不同产业量的增长，也包含产业运行质量的提升。换言之，产业发展即产业量的增长和产业结构的升级。古典国际经济学认为产业发展主要取决于一个国家或地区的生产要素，如劳动力、资本和自然资源禀赋的相对优势，劳动力、资金和自然资源禀赋方面具有优势的国家或地区具有更大的发展潜力。发展经济学家认为，产业发展是经济发展的自然结果，工业化是带动一个国家或地区经济发展的主要原因，并会带来经济结构的根本转变，在这个过程中，适应和促进工业化的政府政策对产业发展至关重要。现代经济学认为，与自然资源相比，人力资本更能决定一国或地区的产业发展。传统生产要素（如劳动力和机械设备）对经济实际增长的作用在降低，相反，技术创新和新的科学知识的应用对经济发展的推动力越来越明显。总之，产业发展有其自身的发展规律和内在成长机制。

（2）产业规划。

产业规划对一个国家或地区的经济发展影响意义深远，科学合理、符合国情和当地实情的产业规划会促进优势产业和相关产业发展，进而扩大就业，增加税收，带动国民经济和地区经济的发展。产业规划是对一个国家或地区未来产业发展的预见和预想，是建立在对一个国家或地区产业发展现状、产业发展的要素禀赋、国际和国内产业发展态势和市场潜力等理性分析和经验判断基础上的。

产业规划包括产业部门规划（如工业、农业、服务业等规划），也包括产业空间规划（如一个地区的各产业部门空间部署和安排）。另外，还包括特定产业地区的综合规划。成功的产业规划不仅要反映规划者和实施者的理念，而且也要最大限度地体现不同利益群体的意愿。其中，不同层级的政府决策和行为也是影响和左右产业规划的重要因素，而企业家是产业规划具体落实的行动者，产业规划应充分考虑企业家行为决策，使产业的宏观决策与企业的微观行为有机结合。另外，产业规划目标之一是在为公众提供就业的同时，避免因未来某些产业的发展而影响居民的生活环境。正如琳达—道尔顿等的观点，规划不仅必须解决不同背景、价值、期望及需求之间的矛盾，还要解决不同利益集团之间的冲突（国际城市管理协会、美国规划协会，2006）。

（3）产业空间规划。

产业活动必定要落实到具体的地域空间，并形成不同的分布形态、空间联系和组合方式。产业在地域空间上形成和发展的过程，更多的是按照产业发展的自身规律，寻求能够带来最大利益的空间进行布局，但是无论是计划经济国家还是市场经济国家，对产业的空间发展都不会是完全放任和任其自由发展的，尤其是对关系到国计民生的基础性产业，国家必须从全局的角度并考虑进行宏观指导和调控。另外，为了产业健康和快速发展，促进产业空间有序发展，对其进行空间引导和调控也有利于地区优势产业的发展，以及新的潜力型产业的形成；同时，也能有效限制一些对地区环境影响较大或工艺和技术水平相对落后产业的发展。

产业空间规划是对一个国家或一个地区内各产业的空间部署和调控，包括对各产业部分的空间安排、调整和控制以及各产业部门的空间组合。科学合理的产业空间规划需要从一个国家国民经济发展的全局出发，根据国际产业发展态势，以及国民经济和社会发展的中长期规划要求并结合国家或地区的具体情况编制产业布局方案。产业空间规划要遵循产业在空间上发展的自身规律，要从宏观视角把握各产业活动的区位特征、产业的空间转移规律、产业集聚与扩散的机制等，从微观角度要了解企业区位决策过程、企业的空间组织和空间扩张等。另外，还要分析产业发展中的一系列经济和技术指标、资源利用、生态和环境保护等问题。

产业空间规划分为三个区域层次，即大区域的产业规划、地区产业规划和城市内部产业规划。

一是大尺度的区域产业空间规划。一般是指跨地区或跨行政区单元的区域，对全国产业发展和其他社会经济影响作用比较大的区域的产业规划，其重点是要确立具有国际竞争力和国家意义的核心产业，明确区域内部产业发展、产业分工和合作方向，并调控产业发展空间，引导产业空间的有序发展，目标是提升整个区域的产业发展水平和国际竞争力，促进产业空间的协调发展。这类产业规划包括长江三角洲地区产业规划、珠江三角洲地区产业规划等。

二是中观尺度的地区产业空间规划。一般是指具有省际或区际意义的各类地区产业规划，其重点是发展和壮大地区的优势产业，培植和形成具有地区特色的产业集群，引导产业在空间上合理布局，限制与地区其他功能相冲突的产业（如各地区的产业规划）等。

三是微观尺度的产业空间规划，如城市内部的产业规划和特定产业类型区的空间规划。微观尺度的产业空间规划更多是从产业用地的角度对产业发展进行规划，对产业用地的性质和规模、开发时序和空间管治等进行规划的，但事实上，在确定产业用地性质、规模等内容时，必须要明确规划区域的产业发展现状和未来发展态势，因此，微观尺度的产业空间规划，同样面临类似于大区域产业规划的基本研究内容。

2. 产业发展与规划的类型

产业发展和规划按照规划性质、目标、内容和空间层次等，可分为不同的规划类型和规划体系。

(1) 行业规划。

行业规划是对各个行业进行的全国性或地方性规划，包括农业规划、工业规划、服务业规划等。农业规划可分为粮棉油等农产品规划、牧业、渔业和林业规划等；工业规划可分为能源工业、冶金工业、装备制造业等行业规划；服务业规划包括商贸流通业和物流规划、金融规划、旅游业规划等。

行业规划主要从行业部门的发展现状和问题出发，根据行业总体发展趋势，确定行业的发展目标、发展重点和空间布局等问题。因此，在行业规划中，需要了解和关注各地区和其他行业的发展需求和具体情况，协调不同行业之间、行业与地区之间的关系。

(2) 产业区（带、轴）的规划。

产业区（带、轴）的规划与行业规划差异最大，主要是从区域角度出发，部署和调控不同区域尺度的产业发展和空间组合。产业区规划包括综合性产业区规划、专业性产业区规划和政策性产业区规划，其目标是促进产业区内部产业的持续和协调发展，形成合理的产业结构和空间结构。

①综合性产业区（带、轴）规划。

综合性产业区（带、轴）是不同产业依托一个或若干特大城市（或大城市）或主要交通干线，在一定区域内形成的面（或带）状产业空间分布形态。综合性产业区（带、轴）是在区位条件、自然资源、历史基础及交通、劳动力、技术、资金、国内外市场等多种自然和社会经济要素的影响下形成的。在不同发展水平下，综合性产业区（带、轴）的产业发展水平、主导产业、产业内外联系、产业分工、产业空间转移趋势等特征明显不同。综合性产业区（带、轴）的形成和发展对国家或大区域的社会经济可持续发展发挥着重要的作用。

综合性产业区（带、轴）按照发展水平、影响力和区域范围等可分为不同等级类型。具有国际意义的综合性产业区（带、轴），如长江三角洲产业集聚区发展水平位居全国之首，产业结构已经出现服务业化，先进制造业和高新技术产业成为产业区发展的基本导向，大部分产业具有全国意义，部分产业也具有较强的国际竞争力，其产业影响范围已经超越长江三角洲地区，是引领我国产业融入国际产业分工和合作，形成具有世界水平的制造业中心的核心产业区。全国意义的综合性产业区（带、轴），如辽中南产业集聚区的影响和作用范围已经超过辽宁省，甚至整个东北地区，是我国重要的装备制造业和基础原材料产业基地，这两大行业对全国甚至世界也具有重要的影响。区际意义的综合性产业区（带、轴），如关中产业集聚区，不仅对陕西省产业的发展水平和产业的空间联系和分工有影响，也对西北地区其他省区具有一定的影响和辐射作用。地方意义的综合性产业区（带、轴），如黔中产业集聚区的影响和作用范围主要集中在贵州省。当然，有些行业也具有区际意义，但就整个产业集聚区而言，其对外联系和影响力相对较小，以省区内为主。不同等级类型的产业区在不同层次的区域空间所发挥的作用不同，因此，其规划目标、重点和内容等也有所不同，但最基本原则不变，即最大限度地发挥产业区的作用以促进区域的可持续发展。

②专业性产业区（带、基地）规划。

专业性产业区（带、基地）是在全国或地区专业化程度较高的产业部门基础上形成的某类产业部门集聚区，包括矿产资源型产业区、农林产业区、能源区、资源加工型产业区、工业区、旅游区、商贸区等，并可在此基础上进一步细分为商品粮区、经济作物区、牧区、渔区、林区、煤矿区、油气田区、原材料工业区、冶金工业区、高技术产业区、风景旅游区、度假旅游区、金融区等。

专业性产业区（带、基地）的规划要突出产业区的特色，围绕核心产业可实时适当拓展区域内的产业门类，逐渐形成以专业为核心，多种行业相互依存、相互发展的格局，但对相对细化的专业区而言，仍然要重点突出其专业化的特色。对全国或大区域经济发展影响较大的专业性产业区主要是大型商品粮基地、大型能源基地、大型原材料基地等关系到国计民生的重要产业基地。

③政策性产业区规划。

由各级政府划定的、实施特殊政策的产业区，一般多与行政区管辖相一致或分属行政区管辖并设有相应管理机构的产业区。按不同的政策目标，又可分为以下三种类型：一是为了利用外资，引进技术和扩大出口，国家有重点、有步骤地选择某些地区实行对外开放的特殊政策而建立的保税区或自由经济贸易区；二是为了加速某些地区的经济发展，由政府划出一片土地，集中开发建设，为投资者提供优惠政策和较好的投资环境，吸引投资者开发土地、发展产业或开发当地优势资源的产业区，如经济技术开发区、高新技术产业园区等；三是某些已开发的地区因存在结构性矛盾而面临经济增长缓慢、就业安排困难、人才外流、技术滞后、环境恶化等各种问题，政府对其采取相应的整治政策，以求振兴经济，改善环境，如资源枯竭型区域的产业振兴等。由于这类产业区的发展和规划要最大限度地落实和体现政策优势，但三种产业类型面临的问题、发展和调整的内容不同，因此，其规划目标和内容相差较大。

1.3.2 产业发展与规划的目标和原则

产业规划不是综合性规划，它属于专业性规划，但由于产业规划存在行业性规划和区域性产业规划，二者又各具有全国层次的和地方层次的规划，不同层次和不同类型的产业规划所发挥的作用和地位不同，因此，其目标导向也应有所差别。

1. 产业发展和规划的目标

产业发展和规划的目标就是根据产业发展的基础条件、现状水平、发展潜力、产业和区域政策导向等，科学预测产业未来发展情景，为一个行业或一个地区中不同产业的可持续发展所设定的一个未来发展方向和远景。产业规划目标包括以下内容：①合理设定产业未来发展的规模和增长速度；②提出产业结构未来调整的比例关系；③设计和构造未来产业空间发展格局；④提出产业发展可能对资源、环境和生态产业的影响程度和相应的指标，如能耗指标、资源利用水平等；⑤提出各产业在不同空间层次所处的地位和发挥的作用等。

2. 产业发展和规划的原则

一个国家或地区未来要发展的产业应具有良好的成长性和扩张性。对市场的变化反应迅速，对技术的发展方向把握较好，代表着国家或地区产业结构发展方向良好。

（1）市场导向原则。

市场是衡量一个产业是否具有发展前景和竞争力的重要指标，因此，要培育和发展的产业，应该按照市场规律进行，通过市场竞争来决定产业的进入与退出，要避免区域内部产业自成体系、自我服务的封闭式产业循环方式。

（2）区域优势原则。

要培育和发展的产业应具有明显区域绝对或比较优势，在区域劳动地域分工中处于领先地位，具有较高专业化程度和产业集聚性，能够代表本地区产业的发展方向，因此，要集中力量发展地区具有比较优势的产业，构筑具有竞争力的产业结构体系，形成分工协作、差异化竞争的格局。应尽量避免地区间产业雷同和恶性竞争并充分发挥区域优势，大力发展特色优势产业。这是加快地区经济和产业发展的重要途径。

（3）产业成长性原则。

要培育和发展的产业应具有良好的发展潜力、较强的增长能力和相对广阔的市场发展空间，并有可能成为引领行业未来发展方向的产业。所选择的产业应内部关联程度大，联系紧密，易于形成产业链，具有较强的影响力，并对地区其他产业带动作用较大。目前，即使有些产业不属于行业或地区的龙头，但经过培育和发展，完全可能成为未来行业或地区产业发展的重点。

（4）自主创新原则。

发挥科技进步的支撑作用，应推动产业结构升级，提升产业竞争力，减少资源消耗，改善环境。另外，还应着重提高产业自主创新能力，加快建设创新载体，确立企业在创新中的主体地位，促进创新人才的集聚。

（5）生态和环境保护原则。

以资源节约、环境友好为基本出发点，积极推行清洁生产和绿色制造，把节能降耗减排工作作为产业发展的重要指标，保护土地、水资源和人类的生存环境。以产业链延伸为手段推动发展循环经济，建设生态型工业园区。根据生态和环境保护的要求，制定产业准入门槛和限制性产业名录，倡导生态化、绿色化、资源减量化等产业发展理念，走新型工业化发展道路。

1.3.3　产业规划的理念和核心

产业发展和规划要在坚持以人为本、体现人文关怀的同时，加强产业发展与生态建设和环境保护之间的关系；在突出地区产业特色的同时，力求大胆创新，积极营造和发展具有地区优势的核心产业，提升地区产业竞争力和对外影响力。

1. 市场经济条件下的产业规划

产业规划不应凌驾于市场之上，但也不应该完全由市场来决定。大部分行业的发展和布局应该尊重市场的选择，其中，规划更多情况下发挥的是引导作用，但对于一些关系国计民生的基础产业，政府规划应该发挥更多的作用。另外，政府要加强产业空间的管治，提高产业用地的使用效率。

（1）市场竞争和产业规划不可偏废。

许多学者认为，在市场经济条件下，产业发展应该完全由市场来决定，要尊重市场对产业的选择。的确，市场是最有效和最有活力的经济运行机制和资源配置手段，它可以提高资源配置的效率，使企业能够对供求的变化及时作出灵活有效的反应，具有减少资源的浪费、促进优势产业的发展等优点，但市场也有其局限性，这些局限性仅靠市场自身是难以克服的，因此，若摒弃产业规划的引导、完全依赖市场作用的产业发展，则其缺陷大于优势。

在市场经济中，个体的理性选择在个别产业、个别市场中可以有效地调节供求关系，但个体的理性选择的综合效果却可能导致集体性的非理性行为。例如，在某一阶段，市场提供了生产汽车利润相对较高，作为理性的投资者如果都集中投资汽车行业，必然造成整个行业的重复建设和产能过剩。另外，如果完全依赖市场竞争，那么企业为了谋求最大的利润，则可能把资金投向周期短、收效快、风险小的产业，导致产业结构不合理。尤其是在信息不对称的情况下，若投机的冲动使信息垄断者不一定按照竞争规则行事，将导致社会资源无法实现最优配置。

然而，过分强调政府对产业规划的作用，忽视市场信号对产业配置的作用，也会造成要发展的产业难以形成规模、不应发展的产业却迅速成长的后果。人们最不想看到的结果是由于规划的刚性约束而影响产业的发展活力和合理竞争，造成地区间产业的重复建设和过度竞争。

因此，为了促进产业的健康和有序发展，需要将市场和规划有机结合起来，通过产业规划和产业政策弥补市场无法解决的问题。

（2）市场经济条件下产业规划的核心。

对于日常生活消费产品和绝大多数工业产品的生产，应全由市场机制来调节；但对于关系国计民生的行业（如石油化工、钢铁等基础性行业），国家应该在宏观上加以调控，在空间上进行合理布局。

①基础产业。

基础产业是指支撑一个国家或地区经济运行的基础部门，它决定和反映着国民经济活动的发展水平，也影响着其他产业部门的发展。基础产业包括能源、电力、交通、运输、基础原材料等。

基础产业发展和布局的特征如下：

a. 投资规模大，建设周期长，属于典型的资本密集型产业，建设周期通常在 3 年以上，因此一旦决策形成事实，短期内难以改变。

b. 许多行业属于大型装置性工业，对生产规模、技术水平等要求较高。例如，炼油工业目前一般要在 1 000 wt 以上、乙烯要在 100 wt 以上才能获得规模效益。另外，相对高端的基础产业的技术含量密集，对劳动者的素质和技术熟练程度要求也较高。

c. 产业用地大而多，耗水和耗电量大。例如，2007 年，我国大中型钢铁企业吨钢耗新水 5. 31 m^3、吨钢综合能耗为 668 kg 标煤。一般形成的是一个大型工业园区或工业基地。

d. 原料和产品运输物流量大。例如，钢铁生产每增产 1 t 钢，就需要增加 5 ~ 6 t 的外部运输量，因此，基础产业的发展需要铁路、港口等运输体系的配合和高效的运输，所以基础产业一般都布局在交通条件相对便利的港口或消费市场地。

e. 对相关产业配套要求高。基础产业的发展不仅受上游和下游产业发展的影响，也需要相关产业与其配套，如乙烯行业的发展需要若干的基础化学工业配套。

f. 对环境压力较大，“三废”（废水、废气和固体废弃物）排放量高，因此，对环境污染处理能力和相应的设施投入要求较高。

基础产业的这些特性决定了这类产业的发展和空间布局不能完全由市场机制来左右。在充分考虑市场对产业需求和空间配置作用的前提下，国家一定要在发展总量、区域布局和进出口等方面加以调控，引导基础产业有序、健康地发展。

②外部效应比较大的产业。

外部效应是指单个的生产决策或消费决策直接影响了他人的生产或消费，其过程或作用不能通过市场机制削弱或消除，需要市场机制之外的力量予以校正和弥补。外部效应意味着有些市场主体可以无偿地取得外部经济性，而某些人或团体则可能蒙受外部经济性造成的损失却得不到补偿。前者是指某些人或某些团体在不付出任何成本的情况下从别人或社会获得好处（收益）的行为，如一些公共基础设施的建设对企业带来的外部经济效益；后者（如工厂排放污染物）则会对附近居民或者其他企业造成损失，对自然资源的掠夺性开采和对生态环境的破坏等造成国家或地方整体利益的损失。

对于外部效应比较大的产业，只有通过国家税收、补贴政策或政策管制（如特定的排污标准及征收污染费等规定），外部效应内在化，才能最大限度地减少经济发展和市场化过程的外部效应，保护自然资源和生态环境。

因此，一些公共基础性行业和设施的发展和建设，需要发挥政府规划的作用，使基础设施建设和布局能够产生最大化的社会效益，而政府对于带来负外部效应大的企业，要加强管理力度，使此类企业的这种影响降到最低。

2. 市场经济条件下产业规划理念的转变

完善市场经济体系并进行宏观调控不可或缺的手段是政府立足宏观角度，为防止或纠正市场失灵所进行的各种规划。与此同时，产业规划也是政府为了避免在完全市场经济作用下可能出现的各种产业发展问题的手段，但在新的发展背景和环境条件下，产业规划的基本理念已经发生了变化。

（1）由注重产业量的扩大到重视质的提升的转变。

随着科学发展观的落实，各地经济和社会发展目标和政绩考核指标正在由简单考虑经济总量和发展速度转变为经济和社会指标的全面以及又好又快的发展。产业增加值、投资规模、外资企业和新建企业数等量化指标曾经是衡量地区经济和产业发展的核心指标，但现在，除考核这些指标外，对产业发展和布局质量等指标考核逐渐增强（如产业的节能减排、产业运行效率、产业布局对环境和生态的压力等），因此，在产业发展和规划中，需要充分考虑产业发展和布局可能对资源、环境、生态的影响以及产业发展的质量问题。

（2）由注重具体产业项目到重视整个产业发展的转变。

计划经济时代，从项目立项、审批到建设是各级政府的重点工作，尤其是一些大项目的建设牵动着政府对于经济工作的指导方向。随着市场经济体制的导入，政府工作重点逐渐从管理项目转变为宏观引导行业发展，具体项目发展和布局更多的是由市场来决定，因此，具体项目的发展和布局一般不会再出现在产业发展和规划中，而产业发展和规划的侧重点主要是整个行业的发展。

（3）由注重产业布局到重视产业用地的高效利用。

土地资源已成为各地经济发展的制约因素。长期以来，土地开发随着企业家的开发意图在改变，产业空间布局对土地的利用效率考虑不足，单位面积的投入和产出相对较低。低密度、花园式工厂等圈地式产业开发模式造成土地资源浪费严重，因此，开发并合理利用有限的土地资源，提高土地资源的利用效率应是产业发展和规划的基本理念。

（4）由政府主导规划向政府主导和公众参与相结合转变。

在政府管理和决策民主化进程不断加快的今天，各类规划工作已经由政府主导开始向积极吸纳民众、企业和非政府组织的意见和建议转变。产业发展和规划的内容需要充分了解不同利益群体的需求，不能仅从企业的角度考虑（特别是外部效应比较大的行业发展和布局），而是更需要站在不同利益集团的角度审时度势、科学决策。

1.3.4 产业发展与规划的内容

产业规划内容与一个国家或地区所处的经济发展阶段和经济发展水平以及面临的发展问题等有密切关系。产业发展和规划内容体现创新、特色和区域一体化等理念。虽然立足行业和区域，但又要跳出行业和区域自身的限制，从长远来设计和确立产业发展蓝图，构建创新型的产业体系。产业规划一般包括以下内容：产业发展现状和特征、产业发展定位和发展目标、产业发展方向和发展重点规划、产业空间规划、产业发展和规划支撑条件的建设、产业发展的政策措施等。

1. 产业发展现状和特征

一个国家或地区的产业发展可分为不同阶段，产业发展在各个阶段所面临的问题、发展的驱动因素、产业政策、空间布局特征及其区域经济影响作用有明显区别，因此，产业发展和规划的前提条件是要立足不同行业的总体发展态势，从更广阔的区域背景条件出发，搞清楚产业发展现状、问题和特征。

（1）产业发展水平的判断。

产业发展水平需要从行业和区域两个视角进行分析和判断。首先，要从不同行业的国际和国内发展趋势和特征出发，分析该行业在国际或国内同行业中的发展地位和优势，判断和分析该行业的总体发展水平。其次，要在区域内部和区域之间分析各行业的比较优势和发展水平。有时从行业角度来看，某些行业并不代表本行业发展趋势和业内最高水平，但从区域角度来看，其却具有明显的比较优势；相反，某些行业在区域发展中地位不一定突出，但它也许代表着行业的发展趋势，因此，对产业发展水平的判断，应该从行业自身和区域视角两个方面加以分析和判断。

（2）产业发展存在的问题分析。

准确分析和把握一个行业或一个地区不同行业在发展中存在的各种问题，是制定产业发展和规划的基础。产业发展存在的问题需要跳出区域或行业自身的束缚，从更广阔的区域和行业视角来分析产业整体、不同产业之间、产业内部等在发展水平、产业关联、资源利用、区域优势发挥、生态和环境保护、产业用地等方面存在的问题或不足。

（3）产业发展和空间布局的基本格局及其特点分析。

从不同产业层次和空间视角，分析各产业在量和质上的特征和比例关系、地区特色和优势产业发展状况、中小企业集群和产业链的发展状况，研究产业在空间上集疏规律和趋势，产业园区、产业基地和产业集聚带等的分布特征。

（4）产业发展和布局变化趋势的预测。

随着我国对外开放程度的深化，经济全球化和区域化对产业发展的影响显著增强，产业间的竞争层次和深度也发生了变化，因此，科学预测产业发展趋势和空间变化态势，对产业发展和规划具有重要意义。产业发展和空间变化预测包括产业规模和结构的变化趋势、产业关联的变化趋势、产业空间集疏的变化、产业发展重点空间的判断等。

2. 产业发展定位和目标

产业发展定位和目标是产业规划的核心，产业发展方向、重点规划和空间规划等要围绕产业定位和目标展开。

（1）产业发展定位。

产业定位是指准确确定各产业在全国、省、地区中所占据的地位、发挥的作用、承担的功能等。产业发展定位要立足于长远，从不同空间尺度出发，科学地分析各产业在全国或大区域等不同空间尺度中发挥的作用和所处的地位。产业定位要体现以下三个方面：一是要有层次性，由大而小层层定位，如在国家层面和区域层面各产业可能发挥的作用和所处的地位等；二是要以市场为导向，不拘泥于行业和区域自身的发展现状，从未来产业发展潜力和对周边区域发展可能带来的机遇进行定位；三是要体现未来性，要着眼未来，从长远的发展前景和趋势推测各产业可能发挥或承担的作用和功能。

（2）产业发展目标。

产业发展目标是从国内外宏观发展背景、区内优势和劣势等条件出发，分析、判断和预测未来产业总体和各产业发展的前景。产业发展目标分为定性表述和量化目标的预测：定性表述是宏观描述；量化目标包括产业总量、产业增长目标、产业结构目标、产业运行质量目标和产业空间调整目标等。按照时间尺度，产业发展目标又可分为近期、中期和远期发展三种。

3. 产业发展方向和发展重点规划

在产业发展和规划之中，要确定产业发展方向，明确产业发展的重点。对于各产业规划而言，需要确定未来各产业内部行业的发展重点，如服务业包括各种行业，是发展现代服务业还是传统服务业，而现代服务业又包括各种领域，应该根据行业发展现状、目标和未来发展潜力等确立未来产业的发展方向和重点。对于城市产业规划来说，要根据区域产业特征、优势、市场需求等因素，确立区域发展的主导产业或未来发展的重点产业，并设计相应发展和规划的方向和内容。目前，在城市产业规划中，主导产业同构现象比较普遍，区域特色反映却不明显。这个问题不完全是由规划导致的，与市场导向也有直接关系。

4. 产业空间规划

产业空间规划是产业发展在空间上的具体落实。产业空间规划要根据全国和各地区产业布局现状，结合产业发展和布局的理论，发挥各产业的特点和优势，按照市场经济规律与政府宏观调控相结合的方式，以最大限度地利用空间资源、促进各产业的协调和持续发展为目标，在空间上进行合理配置并引导产业发展。

（1）产业发展的空间引导。

产业或企业的区位选择主要依靠市场来调节，能够最大限度地利用各种资源和生产要素，并可以获得最大利益的空间是产业或企业最佳的投资空间。规划要引导产业在获得最大利益的基础上，应尽量避免产业发展和布局造成地区土地、水、矿产等资源的浪费，减少产业发展对生态和环境的压力，形成产业空间配置相对平衡，促进地区经济发展和增加就业水平的良好发展态势。

要根据不同地区的发展条件、发展背景和区域的功能定位，通过产业政策建立行业准入机制，引导不同类型的产业在相应的区域发展和布局。比如，在大区域中主要发挥生态服务功能的区域，其产业引导方向就要限制污染类产业，对资源消耗量较大的重化工产业的发展而言，重点是鼓励发展一些生态和环境友好产业，如旅游业等。

对于一些关系国计民生的基础行业，不能简单地考虑行业自身的发展条件和发展目标，还需要从区域协调、产业基础和相关产业的配套等角度考虑，引导产业既要考虑市场因素，也要考虑区域间的合理布局。例如，大量依靠国外原油发展的石化工业，从原油进口和市场消费来看，在广东等东南沿海大规模布局最为合理，但若考虑到原有的石化基地和大区域的平衡等问题，则石化工业不宜在广东过分集中。

对于日常消费类行业主要依靠市场来决定其投资区位，产业空间引导主要是通过用地、税收、环境保护等政策工具进行调控。

（2）产业发展点（轴、带）的规划。

产业在空间上的发展不会均衡展开，在一些区位条件优越的城市（或地点）、交通干线两侧等会形成不同规模、等级的产业集聚点和集聚轴（带），这些产业集聚点（轴、带）是不同层次区域经济发展的重要依托和支撑，也是各类产业发展的核心区，因此，按照市场经济规律，最大限度地利用不同层次区域的各种资源优势，促进不同类型、规模的产业集聚点（轴、带）的形成和发展是产业空间规划的重要研究内容。

（3）产业空间的管治。

产业在空间上的发展要充分考虑到生态与环境约束和人文居住环境发展的要求，针对重要的生态和环境保护区、居住区、文物保护区、风景名胜区等区域或轴线应制定严格的产业发展和布局的限制政策，形成不同层次的产业管制区。根据产业管制区类型特征，按照强制性、指导性、引导性等政策手段进行分类指导，以实现促进产业发展与生态建设和环境保护相协调的目标。

5. 产业发展和规划支撑条件的建设

产业发展和规划的实施需要交通运输、供电和供水系统、环保设施等条件的支撑，因此，围绕重点产业集聚点和集聚轴（带），要按照市场规则和适度超前原则，建设和完善产业发展必需的基础设施和投资环境，形成跨区域共建和共享机制，促进产业的可持续发展。

（1）交通设施的建设。

加强产业集聚点（区、轴）内部及与外部的交通联系，构建包括高速公路、高速铁路、干线公路、国家和地方铁路、城市轻轨等在内的高效、快捷综合交通运输体系，进一步完善产业发展和规划落实的交通环境条件。

（2）电源点和电网的建设。

产业发展对供电系统的要求比较高，供电能力、价格和稳定性等对不同产业的发展具有一定程度的影响，尤其是对高耗能产业的发展制约程度更大，因此，电源点和电网的建设对产业发展和规划的落实具有重要支撑作用。

（3）供水系统的建设。

完善供水设施，提高管网供水普及率，确保产业发展用水是落实产业规划的基本保障，因此，根据不同行业的规模，建立相应的供水系统和污水处理系统，提高产业用水的循环利用率，是建设产业循环经济的核心内容。

6. 产业发展的政策措施

政策保障措施是实现产业发展和规划目标，形成主导产业和落实产业空间规划的重要保障，涉及法律、经济、行政、社会等方面的措施和手段。

（1）法律法规手段。

法律法规手段是指通过立法程序，产业发展和规划具有一定法定效力，即通过立法形式来实施产业发展和规划，应把产业发展和规划纳入国民经济和社会发展规划体系中，建立产业准入制度。根据行业类型、规模和产业空间特点等，形成“鼓励、限制、禁止”相结合的产业准入机制，尤其是加大对“限制和禁止产业”的管制力度，促进产业结构的优化。

（2）经济手段。

经济手段是指运用一系列经济手段，组织、调节和影响产业活动，促进产业发展和规划的实施，包括运用政府投入、设立基金、财政补贴、税收优惠、奖励与罚款等经济杠杆、价值工具、经济责任制等方式，促进优势产业的发展及规划目标和规划重点的落实。

（3）行政手段。

行政手段是指采取行政手段和方式来促进产业发展和规划的实施，依靠各级行政管理部门可实施的政策工具，如政策规定、指导意见、管理办法、任务分解等方式，促进产业发展和产业规划的实施。

（4）公众参与。

公众参与是指监督产业发展可能带来的负外部经济效益的重要手段，也是落实产业规划的重要方式。产业规划编制阶段，就应该广泛征求公众意见。媒体等大众传播手段的广泛宣传，使公众熟悉规划意图，明确规划可能给自己带来的正面和负面的影响。

1.3.5 产业规划与相关规划的关系

从规划体系来看，产业规划属于专项规划，因此它应该以综合规划的基本要求、发展目标等为依据，具体细化、落实综合规划中关于产业规划的内容。

1. 产业规划与国民经济社会发展规划

国民经济社会发展规划是制定国家战略意图、明确政府工作重点、引导市场主体行为的规划，是未来五年经济社会发展的宏伟蓝图和行动纲领，是政府履行经济调节、市场监管、社会管理和公共服务职责的重要依据，因此，国民经济社会发展规划是一个指导各类综合和专项规划的统领性、战略性和全局性的综合规划，对所有的总体规划、行业规划、空间规划等都具有直接或间接的指导性。产业规划是国民经济社会发展规划的一部分，是国民经济社会发展规划在产业发展和空间布局方面的具体落实。

2. 产业规划与区域规划

区域规划是指一个国家为了促进区域经济发展，通过控制不合理开发，保护生态环境和国土整治，提高区域的综合福利水准和可持续发展，而对国内某一地区或特定地区实施区别于其他地区的政策和规划的行为。

区域规划包括区域发展、产业发展、土地利用、城镇体系等多方面的内容，而产业规划则是区域规划内容的重要组成部分，产业规划要服从区域规划的基本原则和内容等。

3. 产业规划与城市规划

不同时代和不同地区对城市的发展水平和建设要求不同，因此，城市规划的研究重点不同，并随时代的发展而转变。城市规划是指对城市的空间和实体发展进行的预先考虑。它的对象偏重于城市物质形态部分，涉及城市中的产业布局、建筑物布局、道路及运输设施设置、城市工程安排等内容。城市规划涉及的产业发展和规划内容主要是对产业规划内容在城市中的具体落实，二者之间应该相互影响、相互作用。城市规划不应该只是简单地从用地角度对产业布局进行指导，而是应把产业作为城市发展的主要支撑力来考虑产业发展和空间配置，并且要明确产业的发展规律和限制区域。

4. 产业规划与主体功能区规划

主体功能区规划是根据资源环境承载能力、现有开发密度和发展潜力，统筹考虑未来我国人口分布、经济布局、国土利用和城镇化格局，将国土空间划分为优化开发、重点开发、限制开发和禁止开发四类主体功能区，并且按照主体功能定位调整完善区域政策和绩效评价，规范空间开发秩序，形成合理的空间开发结构。产业规划要按照主体功能区的类型进行相应的产业发展和布局。

对于优化开发区域的产业发展和规划重点，要限制大量消耗资源和大量排放污染的产业集聚，重点发展高新技术产业、现代服务业等产业，提升区域产业结构，积极参与国际产业分工，增强产业国际竞争力，使其成为领导我国产业发展的核心区。对于重点开发区域的产业发展和规划，重点是要加快工业化进程，积极发展先进制造业，鼓励发展各具特色的产业集聚，使其逐步成为支撑全国产业发展和集聚的重要载体。对限制开发区域的产业发展和规划要在坚持保护优先、适度开发、点状发展原则的基础上，严格限制污染严重、资源消耗量大的产业发展，并且适当发展一些与区域资源环境承载力相适应的特色产业、生态和环境友好型产业。对禁止开发区域的产业发展和规划的，则要求除适当进行旅游发展外，应严格禁止各类型产业的发展。

第 2 章　产业发展与规划的理论研究

理论研究是所有研究的基础，首先，本章研究区域经济差异的度量和成因分析理论，梳理了区域产业结构演进规律、区域产业结构变动与经济增长、区域产业结构优化理论；其次，在规划评估理论研究进展和相关方法、工具等方面对既有文献进行了系统地整理与分析。

2.1　区域经济差异的理论研究

2.1.1　区域经济差异的测度与描述

有关区域经济差异问题的研究首先是从如何测度开始的，现有的文献在数据指标、空间尺度及分析方法的选择上均存在一些差异。对于选取何种数据指标来度量区域经济差异，学界并没有统一的标准。研究者根据自己的研究需要和数据可获性选择不同的指标，例如，人均 GNP、人均 GDP、人均收入、人均消费等。早期考察地区经济差异的指标多为人均 GNP，如 Tsui（1991）、杨开忠（1994）和宋学明（1996）等。1993 年，我国国民经济核算体系进行重大调整之后，人均 GDP 成为大多数文献经常使用的指标。在考虑地区间居民收入、生活水平差距的文献中，多采用人均收入指标，如林毅夫（1998）、江小涓（2005）、Wan（2007）等提出的“基于城乡二元经济结构的城镇居民和农村居民的收入支出情况”来分析经济差距问题。

目前，区域经济差异度量的空间尺度多为省区、经济地带和地级城市间。采用不同研究方法（基尼系数、加权变异系数及 Thiel 指数等）和数据指标的经济差距描述会存在差异。概括相关文献对区域经济差异变动轨迹的论述，主要有两组相反的观点，即区域经济差异扩大论和缩小论、U 形论及倒 U 形论。

Friedman（1987）、覃成林（1997）、罗守贵（2005）等的研究大多肯定了区域经济差异扩大论的观点，认为地区间经济发展存在较大差距，并且这种差距会进一步扩大。与这种观点相反，杨伟民（1992）、Jian

(1996)、覃成林（2002）等通过对我国三大经济地带的数据进行实证分析发现，改革开放后，区域经济差异较小且存在进一步缩小的趋势，而另一组相反的观点则是“U 形”论和“倒 U 形”论。20 世纪末，世界银行公布的一本中国经济发展研究报告中指出中国区域差异呈现 U 形变动趋势，以 1990 年为拐点，在它之前，区域经济差异不断缩小，而 1990 年后经济差距又不断扩大，这与林毅夫等（2003）的观点基本一致。白雪梅(1998）以三大经济地带作为测度区域经济差异的空间尺度，结果发现 1978 年，三大经济地带间的经济差距处于 U 形的最底端，在此之前，区域经济差异逐年递减。部分学者提出不同的观点，魏后凯（1992）采用 1952—1990 年的人均国民收入测算加权变异系数，发现中国省际收入总体上呈倒 U 形变动趋势。徐建华等（2005）的实证研究表明我国区域经济差异变动轨迹基本上呈现为波浪状的“复合倒 U 形曲线”。近年来，还有学者发现改革开放以来我国区域经济差异已演变成倒 N 形（干春晖、郑若谷，2010)。20 世纪 90 年代以来，区域经济差异是经济理论和实证研究的一个热点问题，而关于区域经济差异的测度并没有统一的标准，以不同数据指标、时空尺度和研究方法为基础的结论必然不尽相同，从而导致目前区域经济差异研究状态相对混乱。尽管学者们各执一词，但是由于经济数据本身具有较强的相关性，且三种研究方法的原理并没有太大差异，因此，在相关的文献中我们可以总结出一个基本结论：改革开放初至 20 世纪 90 年代初，区域经济差异呈下降趋势，而后，地区间经济发展差距又逐步扩大，进入 21 世纪后，区域差异开始逐步缩小。

2.1.2 影响经济差异的因素研究

研究者对区域差距的分析，不仅体现在区域差异的度量、变动轨迹描述等方面，同样也包括区域差距的成因探索。梳理现有的文献可以发现，研究者主要从以下三个方面来解释经济差距，即生产要素、经济结构和制度因素。

1. 生产要素视角

无论是古典经济学理论还是现代经济学理论，都承认生产要素是经济发展的基石，区域经济发展离不开必要的生产要素支持，所以资本、人力资本和技术等生产要素在不同地区的分布和配置效率差距，是解释区域经济差异形成的重要因素。早期的研究大多认为不同地区间的要素投入差异是导致经济差异的主要原因（Makiw，1992；Krugman，1994；Young，1995)。在各种要素中，人力资本积累受到比较多的关注。Galor 等

(2004) 构建了一个用人力资本积累代替物质资本积累的增长模型，他们认为进入现代经济发展阶段后，人力资本积累才是区域经济差异产生的根源。在关于中国区域经济差异问题的研究中，不少学者认为中国省区、经济地带间经济差异是要素积累区域性差异的结果。Fleisher (1997)、徐现祥 (2004)、任建军 (2010) 等的研究表明，资本性要素可以解释我国四大区域间经济差异不断扩大的现象。另外，还有学者从要素流动的角度来分析产生地区差距的原因，认为劳动力、资本等生产要素的区际配置和流动是影响地区差距的一个关键因素 (王小鲁，2004)。与强调物质资本的观点不同，雷鹏 (2011) 指出在现代经济增长中专业化人力资本积累才是导致我国区域差距的真正原因。

20世纪90年代中后期，部分学者认为要素积累已经不能用来解释区域经济差异的存在，地区间的经济差距主要来源于全要素生产率 (TFP) 的不同。在资本边际报酬递减的条件下，资本会自动从发达地区流入到欠发达地区，弥补欠发达地区物质资本的不足，所以，资本短缺并不是地区落后的原因 (Easterly，1999)。此外，Bils 等 (2000) 也否定了人力资本对经济增长的作用，Hall (1999)、Hsieh (2002) 等在有关研究中也得到相似的结论。Kogel (2005) 采用修正后的索罗余值法测算的全要素生产率，可以解释87%的世界经济增长差异。我国学者李静等 (2006) 的研究也发现，物质资本和人力资本积累等要素的投入对中国区域差距影响甚微，而全要素生产率的差距才是影响我国区域经济差异的关键因素。

2. 经济结构视角

经济结构一般都会伴随着产业结构、国有化程度、市场开放度及城市化等的变动而发生改变，这些因素是研究者在讨论区域经济差异问题时所关注的重点。20世纪末，国外学者 Barro (1991)、Chow (1993)、Bernard (1999) 以产业部门为单位研究了区域经济差距问题，发现不同产业部门对地区经济增长的贡献度不同。自此以后，细分产业部门、量化产业结构成为研究区域差异的一种范式。国内学者范剑勇 (2002)、干春晖 (2010) 等分别从产业结构的变动及产业空间聚集的视角探讨了区域经济差异的演变过程。

在全球经济一体化的时代背景下，对外开放及国际贸易对开放经济体的增长具有重要的影响，所以，研究者们日益关注对外开放程度对地区经济差距的影响机理。在这类研究中，对外开放通常是与国际贸易联系在一起的，大多研究结果表明，贸易波动带来的市场供求变化是影响区域经济增长的因素 (Behrens，2007；Zeng 等，2010)。

此外，我国学者还从所有制结构变化，尤其是非国有经济发展等方面来研究结构变化对地区经济差距的影响。大部分研究者赞同非国有化对拉大地区经济差距具有显著作用的观点，如周民良（2000）、万广华等（2005）。中国经济快速发展的三十多年来，市场化、工业化和城市化进程均得到长足发展，从某种程度上来说，它们在不同地区间的发展差距能够解释我国区域经济差异的形成与变动状况。贺灿飞等（2004）测算了1952—2002年我国省际、三大经济地带之间的Theil系数，认为改革开放政策、参与全球化程度、市场化程度和城市化进程等因素决定了中国区域经济差距的时空变化。石磊和高帆（2006）构建了二元经济结构模型来考察中国地区经济差距的问题。他们发现，二元经济结构转化程度决定了地区经济差距的变化轨迹，而地区间工业化、服务业的发展和城市化进程对地区经济差距的演变具有重要影响。

3. 制度因素视角

近年来，制度经济学逐步融入主流经济分析体系中，越来越多的理论研究将制度因素引入经济问题的探讨。当前，中国还处于转型经济发展阶段，不可否认，制度因素确实对区域经济发展具有不可忽视的影响力。在所有制度因素中，经济政策是影响地区经济增长的重要因素。国内外许多学者，包括Zhang（2001）、Bao（2002）、Demurger（2002）、林毅夫（2003）、陆铭（2006）等都肯定了改革开放以来中国的经济政策的作用，尤其是具有地区偏向性的优惠政策对区域经济差异的作用。考虑到制度的时效性和动态性，部分学者研究了制度变迁对不同地区经济发展的示范效应和锁定效应，认为锁定效应是区域经济差异存在的必然条件（徐现祥等，2005；徐现祥等，2008；Xu，2011）。在中国市场经济机制并不完善的情况下，地方政府行为对区域经济发展的影响较明显，这也是具有中国特色的制度因素。李明等（2010）从政策支持、转移支付及领导人激励（政治晋升）等方面分析了地区政治资本对地区经济差距的影响机制，并通过实证检验发现政治资本对地区经济差距具有较为显著的解释力。

在研究区域经济差异问题的相关文献中，有很多文章对区域差距的形成原因进行了不同视角的探讨，但是到目前为止，并没有形成一个较完整的分析框架或共识。由最初的生产要素决定到后来的经济结构、制度因素影响分析，这的确是区域经济差异理论的一大进步，但是现有的文献几乎都是用跨国分析模式来解释中国省际经济差异的，这样等于忽略了中国经济特殊的软环境约束条件，即政府行为对区域经济发展具有较强的指引与干预能力，其具体的影响途径主要包括各种计划与规划、财政政策及公共物品提供等方面，特别是政府部门制定的各类经济发展规划对区域经济发展具有较大的影响。因此，如何构建一个包含生产要素、经济结构及制度因素的分析框架来研究我国区域经济差异的形成与变动，如何有效利用制度因素，尤其是中央和地方政府的一系列计划或规划来缩小区域经济差异，已成为亟待解决的问题。

2.2　区域产业结构变迁的相关理论研究

2.2.1　区域产业结构的演进规律

在经济发展过程中，产业分工不断细化、新产业部门会出现、旧产业部门呈现出衰落的趋势，不同产业部门受到各种因素的影响，在增长速度、就业人数、产值规模及对经济增长的贡献力等方面都会发生改变，即产业结构会不断演变发展。关于产业结构演变规律的研究一直都是经济学家关注的热点，威廉·配第、库兹涅茨、霍夫曼、钱纳里等人从不同视角分析了产业结构的演变规律。早在 17 世纪，英国古典政治经济学家威廉·配第在《政治算术》中就探讨了经济发展阶段与产业结构的关系。他发现，英国各产业内部的收入水平存在差异，这种产业间的收入差距将推动劳动力从低收入的产业部门向高收入的产业部门转移。20 世纪 50 年代，柯林·克拉克在配第的研究基础上，进一步深化了人均国民收入与产业结构变动之间的关系研究，通过对主要发达国家劳动力转移的实证分析得出结论：随着经济的发展和人均国民收入水平的提高，劳动力由第一产业向第二产业转移，进而再向第三产业转移；从劳动力在三次产业之间的分布状况看，第一产业劳动力的比重逐步下降，第二产业和第三产业劳动力的比重呈现增加趋势，这就是著名的“配第—克拉克定律”。

美国经济学家西蒙·库兹涅茨在配第和克拉克的研究成果基础上，描述了 20 世纪 60 年代以前资本主义国家经济发展过程中三次产业变动的趋势。他的研究表明，随着国民经济的发展，第一产业的就业人口和国民收入的相对比重不断下降；第二产业的国民收入和就业人口比重总体趋势是上升的，在工业化后期（特别是后工业化时期）以上比重会有不同程度地下降；第三产业的国民收入比重及就业人口比重会持续处于上升趋势中，而就业人口比重上升的速度则相对较快。德国经济学家霍夫曼是首位研究产业内部行业结构变动规律的学者，他对区域产业结构演进规律研究最大的贡献是提出了“工业化经验法则”，即资本资料和消费资料净产值比值随时间的变动而不断下降。钱纳里将研究领域扩展到第二次世界大战后，以工业化为目标的发展中国家（特别是新兴工业化国家），他总结的产业结构变动的一般趋势为：初级产业生产份额的下降由制造业及社会基础设施份额的上升弥补，而劳动力转移主要发生在农业和服务业之间。

2.2.2 区域产业结构变动与经济增长的研究进展

在产业结构变迁与经济增长的研究中，大多数研究者认为产业结构转变是推动区域经济增长的核心力量。最早明确提出产业结构转变能够促进经济增长观点的学者是钱纳里，他从第二次世界大战后，准工业化国家和地区的经济发展经验中总结出结构转变对经济增长的作用规律。此后，Pasinett（1981）、Echevarria（1997）、Peneder（2003）等的研究也说明产业结构变动对经济增长具有显著的影响。部分学者还测算了国家和区域产业结构对经济增长的贡献度，Denison（1976）的研究表明1929—1957年美国经济增长的12%是由产业结构变动带来的，而Kuznets（1985）在不同的样本范围内测算到1948—1966年美国产业结构变动对经济增长的贡献度为10%。我国学者也采用类似的方法测算了区域产业结构调整对经济增长的影响，高更等（2005）利用河南省的经济数据进行了计量分析，结果发现不同时期内产业结构调整对经济增长的作用程度不相同，他们计算出的产业结构调整对经济增长的贡献度分别为8.73%（1953—2003）、12.96%（1953—1977）和5.32%（1978—2003）。

许多文献则强调了产业结构变迁对经济增长的影响机理分析。Acemoglu等（2008）从技术改变的供给方面来解释产业结构变动对经济增长的影响机制，而Foellmi等（2008）则基于恩格尔定律和消费者偏好规律，从需求方面剖析了产业结构变迁对经济增长的影响。与他们的做法不同，Bonatti等（2008）将供给和需求因素纳入同一个分析框架中，来考察产业结构变动与经济增长的内在关联，还有部分学者认为，产业结构变动过程中生产率水平的差异会导致投入要素（资本或劳动力）从低生产率或低生产率增长率的部门流向高生产率或高生产率增长率的部门，即存在“结构红利”（Peneder，2002；Ngai和Pissarides，2007）。目前，关于“结构红利假说”的研究并没有得出一致性的结论。刘伟等（2008）以及干春晖等（2009）承认了结构红利的存在，也肯定了产业结构调整对我国经济增长的积极影响。在干春晖等（2011）的研究中进一步将产业结构变动分解为产业结构合理化和高度化，分别讨论了二者对经济增长的作用。另外，还有部分学者基于制造业的实证分析提出不同的看法，他们认为劳动力和资本在不同部门间的流动对区域经济增长的作用并不明显（吕铁，2002；Singly，2004；李小平等，2007）。从经验研究角度来看，已有的文献一般采用偏离—份额法、结构分解分析和计量模型等方法进行产业结构变动对经济增长的影响分析。偏离—份额法是一种描述性核算方法，其原理是通过总量的构成分解来解释部门间要素流动对经济增长的影响，通常用来计算劳动生产率或全要素生产率的结构变动效应。虽然这种方法是常用的方法之一，但是部分学者认为，偏离—份额法的理论假设可能会导致产业结构变动因素对经济增长的实际影响程度被错误估计（Timmer 等，2000）。结构分解分析法是基于投入—产出技术的一种实证工具，与偏离—份额法相比较，该方法的一个优点是可以将产业的溢出效应及产业间的关联效应纳入分析框架中（Dietzenbach 等，2002；Miller 等，2009），随着投入—产出理论的发展，越来越多的研究者使用结构分解分析法来进行结构变迁与经济增长的研究。上述两种方法均是通过直接的结构分解来讨论结构变迁效应，而计量模型则是引入结构变量或反事实的方法来验证产业结构变迁对经济增长的影响，是偏离—份额法和结构分解分析法的一种补充。

2.2.3　区域产业结构优化理论

2.2.3.1　技术创新与产业结构优化

18 世纪中期，Smith（1766）就提出技术进步是经济增长的动力，随着经济增长理论的发展，技术创新作为内生性变量逐步纳入增长模型分析体系中。以 Lucas（1988）、Aghion 等（1996，1998）、Aghion（2004）为代表的熊彼特主义增长理论认为技术创新及其普遍应用对产业结构调整具有积极的影响，技术进步是区域产业结构优化的基本动因。目前，国内关于技术创新与产业结构优化的研究并不多，并且多以定性分析为主。20 世纪 90 年代初，我国学者许庆瑞等（1991）划分了技术进步对产业结构的影响层次，并进一步阐述了技术创新对产业结构变化的作用机制。王岳平等（2005）认为产业技术升级有利于我国工业化进程、制造业高端化及增长方式转变的发展，从而对我国产业结构的升级转换产生推动作用，而部分学者则从企业的自主创新能力出发，分析我国产业结构优化所面临的主要问题（江小涓，2005；吕政，2005；刘治，2006）。

近年来，唐德祥等（2008）、杜传忠等（2011）运用计量工具定量分析技术创新对产业结构优化的影响，其主要思路是以 R&D 作为技术创新的投入变量，借助面板模型来解释产业结构优化过程。该研究中的不足之处在于产业结构优化的测度并不太合理，他们使用第二产业和第三产业增加值占 GDP 的比重作为产业结构优化变量，而该指标并不能很好地体现产业结构的合理化和高度化水平。事实上，技术发展可以通过技术引进或自主研发两种途径实现，一个国家的技术发展政策、技术方针、技术路线等，即技术选择问题能够影响产业结构优化升级，是技术创新与产业结构优化的一个新的研究视角。我国学者黄茂兴等（2009）运用系统工程原理构建了数学模型来解释技术选择对产业结构优化升级的影响机理。

2.2.3.2 外国直接投资与产业结构优化

外国直接投资与产业结构之间关系的问题一直是产业结构优化研究关注的重点。国内外学者在该领域提出了大量有价值的研究结论，他们主要以一些比较成熟的理论为基础，如国际产品生命周期理论、边际产业转移、雁行模式及增长阶段模型理论等。现有的文献主要在回答两个问题：一是外国直接投资是否与产业结构优化相关；二是外国直接投资如何影响产业结构调整。外国直接投资（FDI）与产业结构优化的相关研究首先是从 FDI 与产业结构的关系判断开始的。大多数学者通过实证分析发现外国直接投资与产业结构优化具有正向相关关系（Camilla，2002；江锦凡，2004；刘宇，2007；聂爱云等，2012），也有一些学者的研究表明二者之间的正向关系不显著或存在负相关性（Hunya，2002；Akbar 等，2004）。

FDI 对产业结构调整的影响机制是另一个重要的研究视角，已有的文献主要是从供需结构和溢出效应两方面进行阐释。对外直接投资会对东道国的资金供给结构产生影响，同时，国外资金、产品和企业的流入对东道国的需求市场会产生示范效应，从而改变流入区域的需求结构（黄日福等，2007；张天阵等，2010）。伴随着国外资金的涌入，先进技术、管理经验和市场理念会通过技术波及、示范传导、竞争刺激和在职培训等方式渗透到东道国的企业生产经营活动中，即形成“外溢”效应，进而推动东道国产业结构的优化升级。我国学者从行业特征（陈涛涛等，2006）、内外资企业市场竞争能力（谢建国，2007）、产生机制（陈享光等，2008）和产业关联（赵婷等，2012）等方面对溢出效应进行了分析。

2.2.3.3 经济制度与产业结构优化

新制度经济学兴起之前，从经济制度视角来研究产业结构优化问题的文献相对较少，但是在一些产业经济学、发展经济学和制度经济学的著作和文献中已经出现产业结构的制度分析思想。库兹涅茨、钱纳里和诺曼·尼科尔森等在他们的代表作里都曾讨论过制度因素对产业结构的影响。第一次真正把制度作为经济结构变迁动力的学者是诺思，他在交易费用分析的基础之上又提出了一个经济结构变动的内生变量，即产权制度。此后，部分学者借鉴他的研究方法进行制度学分析，我国学者贾根良（1996）从交易费用的角度解释了制度创新对产业变迁的作用机理，并提出了产业结构变迁的三个假说。在中国经济发展的历程中，产业结构优化是与体制转轨有着十分密切的关系，体制转轨意味着所有制结构、市场机制、行政体系运作、产业政策制定与实施等方面均会发生改变，这些变化对产业结构调整具有一定的积极影响（江小涓，1993；郭克莎，2001；邬义钧，2003）。进入21世纪后，经济制度与产业结构优化的相关文献逐渐增多，并且又出现了一些有意思的研究视角。部分学者结合经济发展的新趋势和新问题，从跨国企业的预测规制（Kpinar，2007）、二元经济结构下户籍制度约束（刘忠涛，2010）、政府职能转变中行政分权行为（姚德文，2011）等方面分析制度因素对产业结构优化升级的影响，认为制度创新是当前产业结构优化升级的关键，并据此提出了一些具体的政策建议。

2.3　规划评估的相关理论与方法

2.3.1　规划评估理论研究进展

2.3.1.1　基于价值判断的评估理论

从理论上来说，规划评估应当伴随规划活动的产生而产生，但长期以来规划评估理论与实践的发展都没有获得应有的重视，规划评估的理论发展相对滞后。直至20世纪60年代，规划逐渐由“蓝图规划”向“公共政策”转变，评估才成为规划不可缺少的一部分。理论界认为存在一种可以用来评价规划价值的客观标准，而早期的理论则主要强调的是规划决策的最优性和科学性，所以追求理性（Breheny等，1985）和系统性（Chadwick，1971）成为规划评估的价值判断依据。随着规划活动由空间范畴不断扩大到社会、经济、政治等多个领域，绝对理性的规划评价标准已经无法准确反映出规划的特性和价值（Healey，1993）。规划界逐渐意识到绝对最优方案的不合理性，认为每一个方案在不同的条件下会产生不一样的效果，不可能存在绝对最优的规划方案，因此规划评估思想也从最优方案转向方案可行性论证，从单一方案转向多方案选择，即寻找相对较优规划。

规划评估研究的重点开始转变为相对最优规划的寻找机制，而其中最具影响力也最常用的一种实现方式为测试，这种方式主要是对还未实施的规划方案进行的评估。受到公共政策评估“物有所值运动”的思想影响，同一时期，规划评估的价值标准也相应发生变化，开始强调有限资源利用的效用最大化原则，主要追求规划的经济性和效率性。

2.3.1.2 基于一致性的评估理论

“基于一致性”的评估理论主要是针对规划实施效果的评价思想，所谓一致性即实施效果与规划方案设计的一一对应性。以 Wildavsky（1973）为代表的学者主张以实施结果与规划方案的契合度作为判断规划是否成功的依据。Wildavsky 认为，规划是在设定的一定时间内将已经绘制完成的蓝图在空间上的照搬，规划与实施之间是一种线性的关系，规划实施与规划设计越接近，规划越成功，反之规划则是失败的。这种规划评估理论非常强调对规划实施结果的评价，具有很强的目标性，要求可供操作的决策、实施的步骤和具体的结果与规划中相应的表述完全一致，并且认为规划实施一旦获得成功那么整个规划以及规划程序都是成功的（孙施文等，2003）。Sabatier（1986）也赞同这一观点，他在 Wildavsky 的基础上进一步明确指出比较规划实施所达成的目标与规划方案所设定的目标，便可评估规划的实施效果。由于具有较强的可操作性，这种以规划实施结果为主要评估对象的评估理论，经常在一些规划评估的实证分析中使用（Brody 等，2005；Berke 等，2006）。20 世纪 80 年代，美国密西西比河流域治理的相关规划评估活动就是“基于一致性”的评估理论的典型案例。这种评估理论在我国也受到部分学者的推崇，如倪芝青等（2010）通过构建可量化的指标体系来评估杭州市“十一五”科技规划目标的实现程度，以实现程度作为规划实施效果的衡量标准。

2.3.1.3 基于过程的评估理论

“基于一致性”的评估理论忽略了规划实施过程中的不确定性，因此也受到不少学者的质疑。Alexnder 等（1989）先对“基于一致性”的评估理论进行了批判，他们认为，受不确定性因素的影响，规划实施结果与规划方案之间存在不一致性并不意味着规划不成功，仅对规划实施效果进行评估不足以说明规划的本质，而应当就规划实施的整个过程进行监测和评价。在他们的理论分析中，不确定性因素主要包括社会经济形势、相关利益主体的偏好、社会主体的价值观及现实环境中的其他因素。若规划实施过程因不确定性因素的存在而发生偏离，则规划失效的根源不在于方案本身，而在于规划实施过程。由于该理论重点关注规划实施过程的评估，因此称为“基于过程”的评估理论。Talen（1996），进一步辨析了“规划实施过程”和“规划成果的实施”的区别，他认为规划师在对规划进行评估的过程中有必要解答规划是否被真正地实施、实施的程度如何等基本问题。在中国，部分学者在规划评估的相关文献中也针对规划实施过程中不确定性因素进行解释。他们承认规划实施过程偏离规划方案的预设有其必然性。于立（2004）认为，规划实施结果在数量上的偏差是可接受的，在不确定性视角下的规划有效性取决于规划过程中各项决策的合理性（汤海孺，2007）。

2.3.2　规划评估的有关方法和工具

2.3.2.1　规划方案的评估方法

规划评估方法是伴随着评估理论与实践的发展而发展的，早期的评估理论侧重的是规划方案的评价和选择，因此，规划评估方法和工具的文献梳理工作应从规划方案开始。规划方案的评估往往是从经济学的角度出发，通过比较成本和收益来进行。目前，在规划领域经常使用的方法有投资—收益分析、规划平衡表和目标达成矩阵等。投资—收益分析是通过对不同规划方案的成本和收益进行量化并比较，然后从中选择最大经济效益的方案的一种评估方法，但是，由于某些事物的社会价值难以用货币来衡量，而且绝对强调经济效率的原则意味着社会公平的缺失，单纯考虑净收入的方法在伦理上是错误的（Voogd，2001）。与投资—收益分析法相比，规划平衡表具有两个优点，一是整合了一些无法量化的影响因素，二是可以记录各个不同利益群体的诉求，其实质是对投资—收益分析方法的一种修正和改进。然而，由于规划平衡表本身具有一些无法克服的问题，有学者对这种方法也提出了反对意见，例如，Hill（1968）就指出“评估标准太过抽象并且使用了大量带有主观价值观的概念单位”“对个人利益的评估基于常识，缺乏广泛认可的理论依据”。从某种意义上来说，规划平衡表不能够准确评价规划方案。在批判规划平衡表的基础上 Hill 进一步提出了目标达成矩阵的评估方法，它的评估模式是先按照重要性对目标进行排序，然后对其赋予不同的权重并进行定量评价。在评估过程中，不再单纯追求经济效益，而是融合了政府、当地居民及规划人员等各个团体的利益要求，具有更广阔的评估范围。同样地，这种方法也存在一定的局限，即权重分配的主观性，权重分配是否合理在一定程度上决定了规划评估结果的正确性。由此可见，每一种规划方案评估方法都有自己的优点和缺点，目前，学术界还没有找到一种最优的评估方法，这有待相关理论研究的进一步完善。

2.3.2.2 规划实施效果的评估方法

规划实施效果的评估主要考察两个方面，一方面，是规划实施结果与规划方案之间的关系；另一方面，是规划所产生的社会经济效应。对规划实施效果进行评价的具体方法有很多，但是总体而言这些方法可归纳为定性分析和定量分析两大类别。定性分析最早是由 Reps（1965）提出的，是对规划实施结果的描述性分析。与定量分析相比，它的评估方法和评估标准主观而薄弱，评估结果的说服力不强，因此，在更多的文献中使用的方法是定量分析法。定量分析一般是建立在大量的量化处理、数据统计和数学模型的基础之上，其评估结果相对更容易被接受。迄今为止，并没有一个被广泛认可的评估方法，不同学者使用不同的定量分析方法对规划实施效果进行评价。Alterman 等（1978）采用比较分析法来评估规划土地使用和实际土地使用的一致性；Bryson（1990）将问题识别能力等定性指标量化并构建数学模型来测算规划实施效果；Heller 等（1986）在不确定性和成本差异研究的基础上，利用最优化模型对最佳规划效果进行解释；我国学者胡鞍钢等（2006）使用目标一致性评估方法对“十五”国民经济和社会发展的目标体系进行定量比较，并据此对“十五”计划实施效果进行评价；在一些涉及土地利用或空间布局的规划评估中，研究者经常会采用地理信息系统的技术工具进行分析，如龙瀛等（2011）综合运用 GIS 和 Logistic 回归模型对北京城市规划进行时空动态评估。在规划评估实践过程中，虽然很多规划评估信息的量化标准不一、数据获取和处理的可行性、统计口径一致性等问题会对规划评估结果产生影响，但是定量分析仍然是最常用的评估方法。

2.3.2.3 规划实施过程的评估方法

规划实施过程的评估实质上是对规划实施机制的评价，一般会借鉴政策机制评价的思路与方法。通过梳理有关文献可以发现，国外学术界比较认可的规划实施过程评估方法有 PPIP 评价模型、MEANS 评价体系和 PIE 评价法。PPIP 评价模型是由 Alexnder 等（1989）提出的一种以规划过程和决策条件为内容，以“一致性”“合理的操作过程”“关于最佳性的事前分析”“关于最佳性的事后评价”和“有用性”等为判定标准的评价方式。这种方式的特点是在不同评估阶段设定不同问题，通过是与否的判断来决定评估过程的演进方向。值得一提的是，PPIP 评价模型是一种反馈与调整的模式，评估过程的每一个环节都是可循环的。虽然 Alexnder 和 Faludi 构建了一个令人信服的过程性评价体系，但是由于整个过程操作起来非常复杂，在规划评估实践活动中并没有被广泛应用。MEANS 是一种借助一整套信息处理体系来监测和评估规划实施过程的方法，主要应用于各类社会经济规划和计划的评价活动中，它的评估标准分为核心和辅助两类，其中核心标准包括关联度、效率、有效性及效用等，而辅助类标准有目标清晰度、目标的内在一致性和外部一致性等。PIE 是对规划实施过程进行定量化、系统化评估的另外一种方法，Lauri 等（2004）采用该方法从土地开发许可审批政策的视角对新西兰 6 个城市规划的实施过程进行评估。

近年来，虽然我国学者逐渐开始关注规划实施过程的评估问题，但由于相关理论研究尚处于初步发展阶段，因此，尚且存在着许多不完善的地方。部分研究者已经进行了一些有意义的研究，如郡一龙等（2009）从目标、任务和实施机制三个维度对我国经济社会发展规划的实施过程进行评价，试图构建一个适合中国社会经济发展的评估体系；周金晶和李枫等（2011）基于公共政策的视角在构建省域城镇体系规划实施评估框架的研究中，特别强调对规划实施过程的观察和实施机制成因的挖掘。

2.4　产业结构演变理论

产业结构的状况能够反映一个国家或地区的经济发展水平，不同的产业结构代表着不同的经济发展水平。一个国家或地区的产业结构随着技术进步、供给和需求结构的变化，以及产业政策的调整等逐渐发生变化。在工业化初期，劳动密集型产业居于主导地位，随着工业化进程的推进，重化工部门开始快速发展，资本在生产要素中所占比重越来越大，资本密集型产业成为主导产业；进入工业化中后期，技术密集型产业发展迅速，产业结构向以技术密集产业为主的高级化阶段转变。

产业结构分析是产业规划的重点和难点。一般在产业规划中，要先分析该区域的产业结构现状、产业发展的历程和优势产业等，然后，在此基础上，确定主导产业和设计未来产业发展的路径等。产业结构演变的相关理论是分析、判断和设计区域产业体系的重要理论基础。

2.4.1　产业分类与产业结构

产业结构是指一个国家或地区各产业间的比例关系，但由于对产业类型的划分标准不同，表述产业结构的方式也不同，因此，在分析产业结构之前，有必要了解产业的分类方法。

1. 产业分类

在产业经济学中，通常使用的产业分类方法主要有两分法、三次产业分类法、生产要素集约度分类法等。

（1）两分法。

两分法就是按生产活动的性质及其产品属性对产业进行分类。按生产活动性质，产业部门可分为物质资料生产部门和非物质资料生产部门两大领域。前者是指从事物质资料生产并创造物质产品的部门，包括农业、工业、建筑业、运输邮电业、商业等部门；后者是指不从事物质资料生产而只提供非物质性服务的部门，包括科学、文化、教育、卫生、金融、保险、咨询等部门。

（2）三次产业分类法。

三次产业分类法是根据社会生产活动的历史发展过程对产业结构进行划分的。三次产业分类方法是国际上较为通用的产业结构分类方法。

①第一产业：指与人类初级生产阶段相对应的农业和畜牧业，包括种植业、林业、水产业、畜牧业、捕猎业等直接利用自然资源进行生产活动的部门。

②第二产业：指与工业的大规模发展阶段相对应，以对原材料进行加工并提供物质资料的制造业为主，包括采掘业，制造业，电力、煤气、水的生产和供应业以及建筑业等。

③第三产业：指以非物质产品为主要特征的服务业，是指除第一、第二产业以外的其他行业。

三次产业结构的划分，为研究、比较各国和世界产业结构的变化提供了可供借鉴的统一标准，但随着科学技术的迅速发展及人类经济活动的日益多元化和复杂化，传统的三次产业分类已越来越不适应经济内容的现有范畴。

④我国使用的三次产业分类。第一产业是广义的农业，包括种植业、林业、牧业、渔业；第二产业是工业（包括采矿业，制造业，电力、燃气和水的生产和供应业）和建筑业；第三产业包括流通部门（含交通运输业、邮电通信业、商业、饮食业、物资供销和仓储业）、为生产和生活服

务的部门（含金融、保险业，地质普查业，房地产业，公用事业，居民服务业，咨询服务业和综合技术服务业，农、林、牧、渔、水利服务业和水利工程，公路、内河航道养护业等）、为提高科学文化水平和居民素质服务的部门（含教育、文化、广播电视、科学研究、卫生、体育和社会福利事业等）、为社会公共需要服务的部门（含国家机关、政党机关、社会团体以及军队和警察等）。

（3）生产要素集约度分类法。

这种产业分类方法是按照各产业所投入的、占主要地位的资源的不同为标准来划分的。根据劳动力、资本和技术三种生产要素在各产业中的相对密集度，可划分为劳动密集型、资本密集型和技术密集型产业。

①劳动密集型产业：指在生产活动过程中，投入大量的劳动力，而对技术和设备的依赖程度相对较低的产业。其衡量的标准是在生产成本中工资与设备折旧和研究开发支出相比所占比重较大。一般来说，劳动密集型产业主要是指农业、林业及纺织、服装、玩具、皮革、家具等制造业。随着技术进步和新工艺设备的应用，发达国家的一些劳动密集型产业中的技术和资本密集度也在提高，并逐步从劳动密集型产业中分化出去。

②资本密集型产业：指在单位产品成本中，资本成本与劳动成本相比所占比重较大，每个劳动者所占用的固定资本和流动资本金额较高的产业。资本密集型产业一般是指钢铁业、石油化工业、电子与通信设备制造业、运输设备制造业、重型机械工业、电力工业等。资本密集型工业主要集中在基础工业和重化工业中，这类产业是国民经济的重要基础。

③技术密集型产业：指在生产活动过程中，对技术和智力要素的依赖大大超过对其他生产要素依赖的产业。技术密集型产业一般是指高新技术产业，包括微电子与信息产品制造业、航空航天工业、原子能工业、生物技术和现代制药工业、新材料工业等。技术密集型产业已经成为带动国家经济增长的主导产业，是反映一个国家或地区产业竞争力和经济发展水平的产业。

（4）其他分类法。

①霍夫曼产业分类法。德国经济学家霍夫曼在 1931 年出版的《工业化阶段和类型》一书中把工业分为三类，即消费资料工业、资本资料工业和其他工业。消费资料工业包括食品、纺织、皮革、家具制造等；资本资料工业包括冶金、机械、化工、金属制品等；其他工业包括橡胶、木材、造纸、印刷等。

②轻、重、化工业分类法。工业结构的三分法把工业分为轻工业、重

工业和化学工业，但通常把重工业和化学工业合在一起，称为重化工业，因此，轻、重工业的比例关系也是反映产业结构的重要指标。

2. 产业结构内涵

产业结构是指各产业之间按照一定经济技术联系构成的比例关系，包括三个方面内容：①产业发展水平，即各产业在国民经济中所占份额，通常用产值或就业人口两类指标表示；②产业结构组成，即社会经济资源在产业或地区间的配置状态；③产业间的技术经济联系，即在生产过程中各产业间存在的相互制约与相互依存关系。

随着产业分工的细化，在经济发展过程中新出现的产业部门越来越多。受到各种因素的影响和制约，不同产业部门会在增长速度、就业人数、经济总量中的比重、对经济增长的推动作用等方面表现出很大的差异，因此，不同区域在不同的经济发展阶段和发展过程中，其产业部门的组成是不同的。换言之，产业结构是一个动态的、相对的概念，但是，一个区域的产业结构的变化，一般不是一个突变的过程，而是经历一定时期的逐渐演变。因此，产业结构表征的是不同区域单元在一定时期内各产业部门的构成及相互间的联系，以及在国民经济中所发挥的作用。

2.4.2 产业结构演变理论

产业结构与经济发展之间的关系，在不同的经济发展阶段，产业结构的演变是否存在一定规律，各产业在国民经济中的地位变化反映出何种经济意义，是什么因素导致产业结构演变的……诸如此类问题一直是经济学家所追求和探究的科学问题。17 世纪，英国古典政治经济学家威廉·配第就开始研究经济发展水平、经济发展阶段与产业结构的关系。之后，德国经济学家霍夫曼，日本经济学家赤松要，美国经济学家库兹涅茨、钱纳里等学者从不同视角分析了产业结构的演变规律。

2.4.2.1 配第—克拉克定律

威廉·配第第一次发现了世界各国的国民收入水平差异与不同发展阶段之间的对应关系（方甲，1997）。他注意到，在大部分人口从事制造业和商业的荷兰，人均国民收入（GNI）要比欧洲大陆其他国家高得多，英国各产业内部的收入水平同样存在着类似的收入差异现象，如当时船员的收入要比农民的收入高出 4 倍。据此，他认为，产业间的这种收入差距将推动劳动力从低收入的产业向高收入的产业转移。配第关于经济发展基本趋势的重大发现，为后来英国经济学家柯林·克拉克发现产业结构的演变规律奠定了基础。

柯林·克拉克受配第有关思想的启发，依据费希尔提出的三次产业的划分方法，对人均国民收入与产业结构变动之间的关系进行了开创性研究（苏东水，2000），并研究了劳动力在三次产业之间的转换规律。他通过对主要发达国家劳动力转移的实证研究得出结论：随着经济的发展和人均国民收入水平的提高，劳动力先由第一产业向第二产业转移，进而再向第三产业转移。从劳动力在三次产业之间的分布状况看，第一产业劳动力的比重逐渐下降，第二产业和第三产业劳动力的比重则呈现增加趋势，这就是配第—克拉克定律。

2.4.2.2　霍夫曼工业化进程的经验法则

德国经济学家霍夫曼开创了研究产业内部行业结构变动规律的先河。他通过对英国产业革命以来20多个国家50年间（1880—1929）的工业化进程所作的实证分析，阐述了工业部门间结构变动的一般规律，提出了工业阶段理论。这一理论被称为"工业化经验法则"。霍夫曼认为，工业化过程中各工业部门动态过程并不相同，因此形成了工业部门之间特定的结构类型，以及与之相应的工业化发展阶段。霍夫曼通过观察20多个国家出产的8类产品的消费品工业和资本品工业的比重变化情况，从中发现了各国工业化进程中资本品工业净产值在整个工业净产值中所占份额稳定上升的共同趋势，并呈现出大体相同的阶段性特征。霍夫曼将样本国家工业化进程中所体现出的共同趋势和阶段性特征进一步概括，把工业化过程划分为四个阶段。

第一阶段：消费品工业占主导地位，霍夫曼系数为5；第二阶段：资本品工业快于消费品工业的增长，消费品工业降到工业总产值的50%左右或以下，霍夫曼系数为2.5（±1）；第三阶段：资本品工业继续快速增长，并已达到和消费品工业相平衡状态，霍夫曼系数为1（±0.5）；第四阶段：资本品工业占主导地位，这一阶段被认为实现了工业化，霍夫曼系数为1以下。

2.4.2.3　库兹涅茨对产业结构变化规律的总结

库兹涅茨在他的著作《各国的经济增长》一书中，从国民收入和劳动力两个方面，对伴随经济发展而出现的产业结构演变规律作了分析研究。他认为，随着国民经济的发展，区域内第一产业实现的国民收入在整个国民收入中的比重，与第一产业劳动力在全部劳动力中的比重一样，处于下降趋势中。在工业化阶段，第二产业创造国民收入的比重及占用劳动力的比重都会提高，其中，前者上升的速度会快于后者。在工业化后期（特别是后工业化时期），第二产业的国民收入比重和劳动力比重会不同程度地下降。第三产业创造国民收入的比重及占用劳动力的比重会持续地处于上升状态，其中在工业化中、前期阶段，其劳动力比重的上升速度会快于国民收入比重的上升速度。

依据人均 GDP 基准，库兹涅茨考察了总产值变动和劳动力结构变动的规律，揭示了产业结构变动的总方向。GDP 结构变化规律：①人均 GDP 较低的国家，其非农业部门份额上升迅速，但其内部结构转换较平缓；②人均 GDP 较高的国家，其非农业部门之间和细分部门之间的结构转换都相当显著。劳动力结构变化规律：①随着人均 GDP 的提高，农业部门劳动力份额下降明显，工业和服务业部门劳动力份额不断上升；②高收入国家工业和服务业的劳动力比重增长更快；③劳动力结构和产值结构变动方向基本一致。

2.4.2.4 钱纳里标准结构模式

钱纳里等为了进一步研究产业结构变动的一般趋势，并使之具有一般性的比照意义，将研究领域扩展到第二次世界大战后以工业化为目标的发展中国家，特别是新兴工业化国家。通过各种形式的比较研究，他们在对结构转变和影响结构转变的多种因素进行全面深入分析的基础上，总结出经济发展和结构变动的“标准模式”，描述性地反映了人均 GNP 从 100 ~ 1 000 美元发展区间产业结构的变化过程。由于这一模式是根据世界大多数国家 1950—1970 年经济结构变化的经验统计材料得出的，因此，可以称其为经济结构转变的多国模式，对于揭示人均 GNP 与结构变动之间的关系及产业结构变动的一般趋势具有更大的价值（钱纳里等，1988）。

钱纳里等运用投入产出分析方法、一般均衡分析方法和计量经济模型，通过多种形式的比较，研究考察了以工业化为主线的第二次世界大战以后发展中国家的发展经历，构造出具有一般意义的“标准结构”。

钱纳里等认为，一个经济增长普遍模式的存在，可能仅由于产业体系有着某种在世界范围内趋同的要素；若要获取经济的全面发展，则需要全要素相关关系的总体协调和全面的结构转换；影响结构转换的因素包括收入水平、资源禀赋、人口规模、发展目标、政府政策及国际环境等；产业结构调整、就业结构转换以及城市化进程处于经济增长的核心地位。

钱纳里等认为，就国民生产总值的部门结构而言，初级产业生产份额的下降由制造业及社会基础设施份额的上升所弥补，其中，制造业弥补的份额占主要部分，而以不变价计算的服务业的份额几乎不变，因此，附加值结构的部门转移主要发生在制造业与农业之间。从就业结构的变化情况看，在就业结构转变的大部分时期，农业劳动力转移都存在着滞后现象，工业部门就业机会的增加远远低于农业就业的减少，因此，劳动力转移主要发生在农业和服务业之间（钱纳里等，1989）。随后，他们又进一步提出，任何国家和地区的经济发展都会规律性地经过六个阶段，且不同阶段产业特征不同。

第一阶段为传统社会阶段：产业结构以农业为主，绝大部分人口从事农业，没有或极少有现代工业，生产力水平很低。

第二阶段为工业化初期阶段：产业结构由以落后农业为主的传统结构逐步向以现代工业为主的工业化结构转变，工业化结构则以食品、烟草、采掘、建材等初级产品的生产为主。

第三阶段为工业化中期阶段：制造业内部由轻型工业的迅速增长转向重型工业的迅速增长，非农业劳动力开始占主体地位，第三产业开始迅速发展，即所谓的重化工业阶段。

第四阶段为工业化后期阶段：在第一和第二产业协调发展的同时，第三产业开始由平衡增长转入持续的高速增长，成为区域经济增长的主要力量。其中，第二、第三和第四阶段合称为工业化阶段，是一个地区由传统社会向现代社会过渡的阶段，其中，工业化中期阶段是关键。

第五阶段为后工业化社会阶段：制造业内部结构由资本密集型产业为主导向以技术密集型产业为主导转换，同时，生活方式现代化，高档耐用消费品在广大群众中推广普及。技术密集型产业的迅速发展是这一时期的主要特征。

第六阶段为现代化社会：第三产业开始分化，智能密集型和知识密集型产业开始从服务业中分离出来，并占主导地位。人们消费的欲望呈现出多样性和多变性的特征。

2.4.2.5　赤松要的雁行模式

“雁行模式”理论最初是由赤松要在第二次世界大战前提出的。他通过对日本棉纺工业发展史的系统研究，揭示了日本棉纺织业从“国外进口—国内加工生产—向国外出口”的生成与演变过程，并将这一动态过程形象地称为“雁行形态”。“雁行模式”理论的雏形或基本型如图 2－4－1 所示。

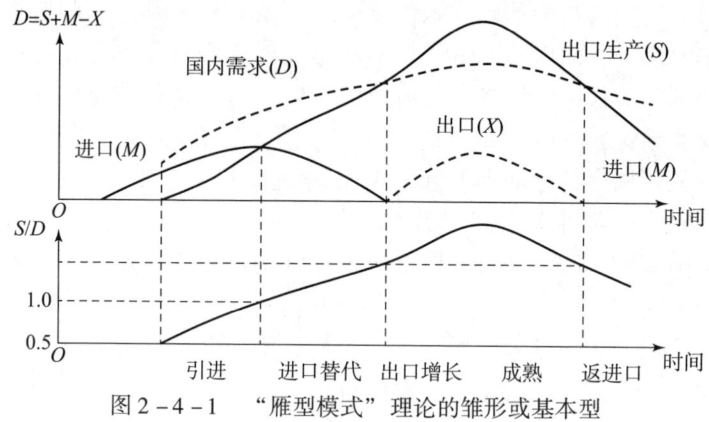

图 2－4－1 “雁型模式”理论的雏形或基本型

第二次世界大战以后，赤松要以及小岛清等学者进一步拓展了“雁行模式”理论，将原来特定产业生命周期的三个阶段扩展到五个阶段，即引进、进口替代（国内生产）、出口增长、成熟和返进口。

在引进阶段，国内生产规模小，远不能满足国内需求，进口是平衡国内需求的主要手段；到了进口替代阶段，国内生产规模迅速扩大，进口开始下降；随着国内生产规模的进一步扩大，产品出现了剩余，产业发展的生命周期就进入了出口增长阶段；到了成熟阶段，由于生产成本的不断攀升，生产规模开始减小，国际市场份额也不断下降；当国内生产规模不能满足市场需求时，国外低价同类产业进入国内市场，国内生产加速下滑，这时产业发展生命周期进入返进口阶段。

随着研究的不断深入，赤松要发现，“进口—生产—出口”的产业成长模式同样发生在其他行业。具体地说，这一过程从棉纺织业开始，然后转向纺织机械、机械器具，即由消费资料转向生产资料，或由轻工业转向重工业，呈现出明显的时序特征。这是“雁行模式”理论的第一种变化型（结构演变雁行模式变型Ⅰ，图 2－4－2），已被用来解释后起国家产业结构内在变化的路径和特征，即不同产业兴衰演化的过程。

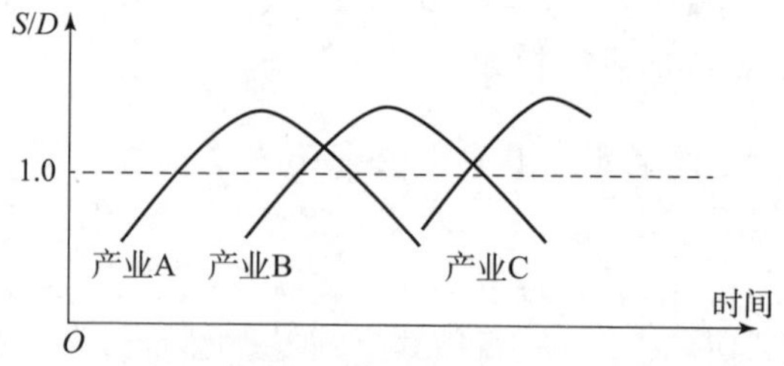

图 2－4－2 结构演变雁行模式变型Ⅰ（后起国的产业发展）

20 世纪 60 年代以后，日本国内相关产业由于工资上升导致竞争力下降，开始向以工业化为目标的亚洲“四小龙”转移。针对这一现象，赤松要及小岛清等进一步拓展了“雁行模式”理论，用以解释相关产业比较优势国际转移的路径和形成机制（结构演变雁行模式变型Ⅱ，图 2－4－3）。这种比较优势的国际转移过程在亚洲“四小龙”和东盟国家体现得最为明显。

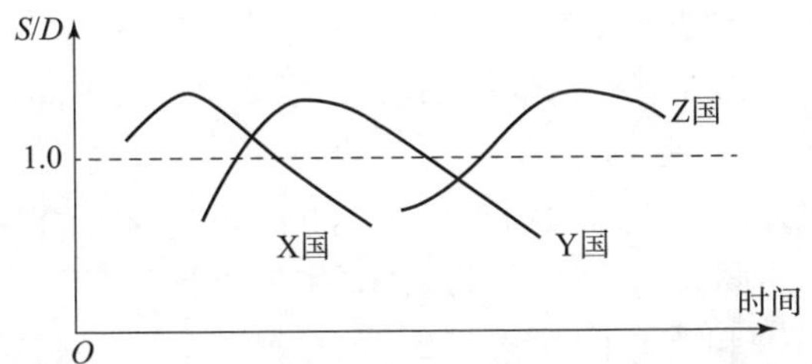

图 2－4－3　结构演变雁行模式变型Ⅱ（产业 A 的国际转移）

2.4.3　产业结构演变的影响因素

产业结构的变化是区域经济发展动态过程的有机组成部分，是经济长期动态变化的结果。产业结构是一国资源禀赋与现实经济实力之间的联结机制和转换器，产业结构的组合状况和变化趋势直接反映了国家或地区经济运行状况的方式和潜能，并直接与该国家或地区的经济竞争力和创新力密切相关。产业结构的形成及其变化，受很多因素的影响和制约。其中，科学技术的进步、社会最终需求的变化、供给状况以及国际贸易的发展等因素对产业结构演变的影响较大。

1. 科技进步对产业结构演变的影响

（1）科技进步促使众多新兴产业部门形成。

随着人类社会经济的发展，科技进步逐渐成为产业结构演变的关键性影响因素。科技水平的高低决定了一个国家或地区经济发展的基本特征、产业结构的组织方式与内容，也直接决定了该国家或地区产业竞争力的高低，因此，提升科技水平是增强产业竞争力的关键（张文忠等，2001）。

科技进步是产业结构变动的引爆剂。在科技进步的作用下，新技术、新产品、新工艺、新材料、新能源的发明和利用，进一步扩大了社会分工的广度和深度。一批新的生产门类和生产部门不断地形成和发展，如第一次产业革命期间，蒸汽机和纺纱机的发明，带动了纺织、冶金、采掘、机械、交通运输等产业的形成和革命性变革；第二次产业革命期间，能源革命引发了电机电器产业、通信产业、汽车产业、飞机产业、精细化工产业的形成，产业结构因此发生了巨大变化；以微电子技术、原子能技术、光学技术、新材料技术为基础的第三次产业革命导致了电子计算机工业、核能及核工业、航天工业迅速崛起，产业结构被赋予了新的内容。

（2）科技进步加速了产业结构调整演进的速度。

发达国家经济发展史表明，产业技术的更新和发展对产业结构升级具有巨大的作用。技术发明和创新的周期越长，产业结构升级速度越慢；周期越短，则产业结构升级速度越快。在生产力发展水平较低时，产业结构升级速度较缓慢；而在生产力较发达时，其升级速度则加快。英国完成由劳动密集型产业为主导到资本密集型产业为主导，进而进入技术密集型为主导的产业结构升级过程，大约经历了100年的历史，而第二次世界大战后，日本完成上述同样的产业升级过程只用了30年。其中，最重要的是日本采取了技术跟进和跨越的发展战略，升级过程靠的不是大量的技术发明，而是技术的引进、消化、吸收和再创新，结果大大加速了日本的产业结构升级过程。

在科学技术革命的作用下，产业结构变化和改造的速度明显加快，“科学—技术—生产”的周期日益缩短，科学技术转化为生产力的速度明显加快，产品更新速度也加快，全社会劳动力就业结构，尤其是体力劳动者和脑力劳动者的比例发生明显变化。科技进步的这种作用，使经济发展阶段与产业结构的对应关系不是绝对的，处于经济弱势和产业结构弱势的后发国家能够利用先进技术实现经济发展和产业结构的超越。例如，18世纪中叶，产业革命的成功，使英国取代了荷兰，成为世界经济和科学技术的强国，20世纪的日本和韩国通过学习先进技术缩短了其产业结构现代化的进程。

（3）科技进步改变了产业分工的格局。

世界经济发展史表明，科技水平较高的国家一般在国际市场中也拥有较高的竞争实力，同时，随着科技的发展，产业部门合作得以在更广的范围内开展。在那些高技术发源地的国家中，主要发展的是拥有高附加值的新兴产业，一部分产业（尤其是劳动密集型产业）向发展中国家转移；科技水平高的国家一般在区域性劳动分工中起着主导和协调作用。20世纪初，美国福特汽车公司生产技术的发明，使美国汽车工业迅速超越欧洲的英国、法国、德国等国的生产规模。此后70多年间，美国成为世界上最大的汽车生产国和消费国，并成为世界汽车生产技术、设备的最大输出国，一直占据着世界汽车劳动地域分工的霸主地位。20世纪70年代以来，受世界能源危机的直接影响，日本的小型、节能型汽车生产技术日益成熟，日本迅速取代了美国在汽车生产、销售领域的霸主地位，成为世界上最大的汽车生产国和对外出口国，美国在世界各国的渗透势力被明显削弱。

2. 供给因素对产业结构变动的影响

从广义上来说，供给因素从自然条件和资源禀赋、提供劳动力的人口、技术进步、市场竞争、社会经济发展水平等方面影响产业结构的形成和演变。

一般而言，那些资源丰富的国家，其产业结构在一定程度上具有资源开发型的特性；而资源匮乏的国家不可能形成资源开发型的产业，最多只能形成资源加工型的产业结构。劳动力资源丰富且价格低廉、资金又缺乏的国家多发展劳动密集型产业，劳动力资源不足而资金又比较充裕的国家多发展资本密集型产业。另外，资源稀缺，可带来价格上涨，造成企业生产成本上升，供需平衡被打破，迫使产业结构调整；而技术的进步则可降低在生产过程中有关资源的消耗水平并能提高其替代程度，使生产相对成本下降，从而促进特定产业的快速发展；技术进步还可缩短新产品开发周期，形成新产业；市场竞争可促进优胜劣汰机制的形成，有利于产业的更替。

随着经济的发展，人均国民收入水平提高，劳动力先由第一产业向第二产业转移；当人均国民收入水平进一步提高时，劳动力便由第二产业向第三产业转移；劳动力在第一产业的分布将减少，而在第二、第三产业中的分布将增加。人均收入水平越高的国家和地区，农业劳动力所占比重相对较小，而第二、第三产业劳动力所占比重相对较大；反之，人均收入水平越低的国家和地区，农业劳动力所占比重相对较大，而第二、第三产业劳动力所占比重则相对较小。

3. 社会需求结构的变化对产业结构演变的作用

需求结构的变化是产业结构变化与技术进步之间的中间环节。需求结构对产业结构具有直接而基本的影响，社会需求结构的变化受到科技进步的直接影响。科技进步对需求结构的影响是通过其促使劳动生产率提高、产品生产成本下降、促使资源消耗强度下降和消费品升级换代等方式来实现的。

产业结构升级需要需求支撑，随着一国经济发展和收入水平的提高，其需求层次也随之提高。需求结构从解决温饱为主向耐用消费品需求，进而再向现代服务需求的升级，拉动了产业结构的不断优化升级。统计研究表明，当前可支配收入水平是决定一个国家的消费能力的核心因素。收入的提高将会极大刺激消费需求的增加和消费结构的变化，进而带动产业结构的改变和升级，但是新兴消费品的需求在短期内快速增长和超前发展，则可能导致产业结构与需求结构的断裂、供求的脱节，也可能使行业在未达到规模效益之前就提前萎缩等。

发达国家的经济发展过程表明，在从低收入向中等收入水平过渡的阶段，其产业结构升级加快，投资与消费需求都会大幅度提高，拉动重化工业的快速发展。目前，中国正处于这样的阶段，但由于城市化落后于工业化进程，第三产业比重过低，因此影响了需求结构的升级。近 20 年来，快速的城市化进程促进了城镇基础设施建设、通信与信息化的发展，城市化对基础设施建设的需求大大地带动了中国重化工业的发展，城镇化为重化工业发展提供了重要的支撑作用。

4. 国际贸易对产业结构变动的影响

资源、商品和劳务的出口，对国内相关产业的发展起推动作用；而国内紧缺资源、劳务的进口，则可以弥补本国生产该类商品的产业不足。与此同时，进口某些新产品、新技术还可以开拓本国市场，有利于本国产业结构高度化。

对外投资会导致本国产业的对外转移，而外国投资则可以促使国外产业的对内转移，如我国东部沿海地区产业结构的变化与外资投入行业重点的变化有直接关系。

2.4.4 主导产业的选择

在产业规划中，调整和优化产业结构、合理选择主导产业等内容是产业规划的重点之一，因此，在产业结构演变的理论指导下，根据当地的具体情况设计和确定主导产业并提出地区产业结构升级的方向，对区域经济发展具有重要的意义。

区域产业结构的优化，关键在于正确选择主导产业及其发展政策，而主导产业的发展对产业结构演化发挥着积极作用。

1. 主导产业内涵

主导产业是发展速度快、在产业结构系统中起引导带动作用，对国民经济增长贡献大的产业。主导产业与支柱产业不同，支柱产业强调的是在国民经济中的比重，而主导产业的本质是在产业结构中起引导和带动作用，并且决定了一个区域产业结构未来发展的方向和模式，决定着整个区域经济体系的形成与演化。正确地评价区域结构，明确主导产业及其与辅助产业、一般产业的关系，对于推动区域经济健康发展具有重要意义。

2. 主导产业选择的基准确定理论及其产业特征

关于主导产业选择基准的确定，国内外从理论到实践上都进行了许多探索，其中具有代表性的有罗斯托标准、筱原基准、赫希曼标准、动态比较优势基准等。总体来看，这些基准主要是从产业结构演化规律、主导产业的特点以及本地区瓶颈因素等角度来考虑的，而且这些基准在不同的社会经济历史条件下都有不同的侧重点。

美国经济学家罗斯托认为，主导产业能够进行有效的创新，并可以利用创新对新的资源进行有效利用，具有较高的增长率并能带动国民经济中其他部门的发展。他进一步指出，主导产业在国民经济中起着决定性作用，在经济增长的任何阶段，主导产业的迅速扩张都是经济向前跃进的决定因素。

日本产业经济学家筱原主要从收入弹性和生产率上升率两个方面界定主导产业。他认为，主导产业应该是收入弹性比较大的产业，因为这类产业随着社会收入水平的提高，产品的需求量大、增长速度快，对相关产业的带动也大。另外，这个产业要保持相对较高的增长率，只有这样，该产业创造的国民收入才会不断增加。这一指标主要体现的是技术进步率，即，技术进步率高的产业部门才有可能成为主导产业。

赫希曼则认为，产业关联度高的产业是主导产业选择的基准，其理由是产业关联度高的产业对其前向、后向产业的发展具有较大推动作用。也有人认为，主导产业应该是能够最大限度地发挥本国（或本地区）比较优势，如具有劳动优势、技术优势、资本优势等的产业。

综上所述，主导产业应该具有以下一些特征：①主导产业是在劳动地域分工基础上形成的专门化生产部门，在区际贸易和区外市场竞争中发挥着主要作用，具有较高的商品率和较强的市场竞争能力；②主导产业能够体现国家（或地区）的比较优势，具有较高的生产增长率和规模效益，是区域经济发展中最具优势的产业部门；③主导产业在产业链中处于关键环节，对其他部门具有很强的直接或间接影响，能带动其他产业的兴起和发展；④主导产业是比较新兴的、具有动态性质和先进技术含量高的产业。总之，主导产业具有市场成长性、技术成熟性、规模性和产业关联性等特征。

3. 主导产业的选择基准

主导产业的特征和作用可以通过选择基准具体体现。通过研究某一区域的主导产业的特征和功能可以发现，一个产业必须同时具备较大的产业规模、较明显的比较优势、较高的产业关联效应以及较强的区际竞争能力，才能标识主导产业的形成，具体可从以下 7 个方面进行衡量。

（1）产业规模。

作为区域的主导产业，其产业规模必须足够大。这里的产业规模具有三层含义：一是产业的绝对规模；二是产业在区域内的相对规模；三是在全国或更高层次区域中，占同类产业的相对规模（可以区位商表示）。产业只有这三个层次意义上的规模同时都大，才有可能成为主导产业。

（2）经济效益。

经济效益是指衡量产业对资源合理使用的程度，即投入产出的效率。一个产业具有较高的经济效益，才能有力地推动区域经济的发展，因此，具有较高的经济效益（尤其是具有持续上升的经济效益），是使其产业成为主导产业的重要条件之一。

经济效益高的产业，一般技术含量也高，技术进步速度快，在相对国民收入上占有越来越大的优势，从而诱导资源向该产业移动。具有较高经济效益的产业将在产业结构中占有更大的比重，选择了经济效益高的产业为主导产业，实际上就是选择了技术进步最快、能带动产业整体技术水平提高的产业。

（3）发展速度。

快速发展的产业能够反映该产业在区域中的增长活力，也能够吸引更多的资金、技术以及就业等进入，形成供给和需求都比较旺盛的局面，这也是主导产业选择的基础之一。

（4）市场需求。

地区主导产业的评价应充分体现市场需求情况，将那些市场需求弹性高的产业作为主导产业优先发展，只有这样才能发挥区域优势，建立起具有较强竞争力的产业结构，引导和带动区域经济的发展。

需求是推动产业发展最直接也是最大的原动力，其结构变化则是产业结构变化和发展的动力。需求收入弹性大的产业，其产品的增加由于能够带来更大的收入，从而能创造更大的需求。这类产业能够获得更大的发展，不仅由于其发展机遇好，而且其发展效益也好，因此其发展速度会更快，在国民经济增长中所占份额也会更大。这种具有较强增长潜力的产业可以成为主导产业。

（5）技术进步。

主导产业高于其他产业的经济增长速度必须借助于产业的高效率来实现，因此，其技术应具有领先地位和较强的创新能力。选择技术进步速度快、技术水平高、技术要素最密集的产业作为主导产业，可以保证一个区域的产业结构不断保持技术领先；同时，还可以保证在区际分工中不断占据优势地位。

（6）比较优势。

若某一区域拥有区外缺乏或者更优的资源条件及它们的组合，则该区域在从事某种产品的生产时能有效地降低生产成本，在进行区际贸易时可以获得比较利益，因此，各区域要充分利用自己的比较优势，促进区域产业分工，提高生产率和经济实力，带动和促进其他相关行业的进步与发展。

（7）产业关联。

一个产业只有与其他产业具有广泛、密切的技术经济联系，才有可能通过集聚经济与乘数效应的作用带动区域内相关产业的发展，进而带动整个区域的经济发展。主导产业通过与区内其他产业之间的联系，产生对其上游产业的前向影响，产生对下游产业的后向影响，以及对平行产业、辅助和服务部门乃至整个经济、社会的旁侧影响，从而引起相关产业的扩张。若主导产业与其他产业的关联度越大，则其相对应的投入产出矩阵越大，其产生外部经济的能力就越强，从而能带动整个产业体系和区域经济的发展，因此，产业关联效应是选择主导产业的一个重要基准，即选择那些产业延伸链较长、带动效应大的产业作为主导产业。虽然有些产业优势比较大，或者产业规模大，但如果其与区域其他产业部门联系很少，则也不能成为主导产业。

第3章 中国城市产业发展的空间态势和格局

改革开放40多年以来，急速的工业化发展强烈地改变了全国及各地区的经济结构、产业空间布局和资源供需平衡关系，并对全国和地区生态与环境结构产生了巨大的影响。在未来20年间，工业化仍然会是我国经济发展的主旋律，但在新发展观的指导下，工业化的路径选择将会有实质性改变。产业集聚仍然是产业空间发展的重要趋势，但各地区会表现出不同的空间集聚形态，特别是产业集聚的内容会发生根本性的变化。沿海地区现代制造业和服务业将逐渐成为发展的主体，同时，其也将成为引领我国产业创新和结构调整的核心区域。另外，中西部地区将会出现若干跨区域的产业集聚区，以促进我国产业的均衡发展。

3.1 中国城市产业发展的空间态势

在大规模的工业化和城市化过程中，人口、产业和其他社会资源的空间集聚与扩散，将会带来我国经济和社会空间格局的重组。产业集聚带、产业集聚区、产业集聚点等是我国不同层次的区域经济增长的载体和重要的产业空间表现形式，是带动我国经济持续快速发展的主要动力源。未来我国产业发展仍然会依赖于已经形成的各种产业集聚带（区、点），且我国产业向已有产业带（区、点）的集聚态势还会持续相当长的时间。与此同时，一些新的产业集聚带（区、点）也会不断出现，成为支撑我国产业发展的新增长点。

3.1.1 产业集聚带（区、点）是支撑我国产业发展的核心

产业集聚带（区、点）是支撑我国产业发展的重要空间形式。现有的不同规模或等级的产业集聚带（区、点）是我国产业发展和不同区域层次经济发展的核心。

1. 产业集聚带是支撑我国经济发展的基本骨架

城市和交通干线的连接点和线是产业集聚的最佳区位。产业集聚带是

指各类产业沿主要水陆交通干线的结点（城镇、开发区、港口等）集聚，形成依托水陆交通干线呈带状分布的产业集聚形态。产业集聚带包含若干产业集聚区和产业集聚点，产业集聚区（点）之间通过相对完善的交通网络、信息网络等相联系，各产业区（点）间存在着一定的产业分工与合作。目前，我国正在形成的具有国家意义的产业集聚带主要有东部沿海产业集聚带、长江沿线产业集聚带、京广沿线产业集聚带和陇海兰新沿线产业集聚带。

沿海产业集聚带包括我国产业最密集、技术水平最高、对外联系最强的各类产业集聚区（点），也是我国产业融入国际产业分工与竞争的核心地带。该产业集聚带高度集中了我国的金融、贸易、物流和航运等现代服务业，是我国电子信息、通信设备、航空航天、生物技术、新材料等研发和加工制造的核心地带，同时，也是我国乃至世界重要的汽车、船舶、钢铁、石油化工、纺织服装、轻工等传统工业的集聚带。长江沿线产业集聚带和陇海兰新沿线产业集聚带则是沟通我国东、中、西三大地带产业联系和经济发展的重要产业带，也是沿江和沿线各种产业发展的核心区，对区际和省内的发展具有重要的支撑作用。京广沿线产业集聚带则是促进中部崛起的核心地带，也是中部各省与珠三角以及京津唐地区联系的重要纽带。

2. 产业集聚区是支撑大区域经济发展的基础

产业集聚区是依托一个或若干特大城市（或大城市）形成的具有国家意义或大区域意义的产业密集地区，一般为国家或区域性的制造业、能源和原材料加工基地，金融保险和物流中心，交通和信息枢纽，人才和技术中心，也是国家或区域性的经济核心区，是最具活力和竞争力的地区。

产业集聚区的扩大和发展对国家或大区域的可持续发展发挥着越来越重要的作用，可以说，产业集聚区的形成和发展是支撑区域经济发展的主体。在东部地区不同层次的产业集聚区已经初步形成，特别是珠三角、长三角和京津唐三大产业引领区功能和水平的提升和完善，对东部地区乃至全国经济的发展发挥着重要的带动和示范作用。辽中南、山东半岛、海峡西岸等产业集聚区同样对大区域的经济发展起到拉动作用。中部地区也正在形成和出现具有全国意义的产业集聚区，如中原产业集聚区、武汉大都市产业集聚区等对中部地区的崛起和大区域的发展起到重要作用。另外，在西部地区也出现了一些跨区域或具有区际影响的产业集聚区，如成渝产业集聚区、关中产业集聚区已经成为我国西部大开发战略的支撑核心。还有，东北地区的长吉平、哈大齐，西部的呼包鄂、天山北麓、滇中、黔中等产业集聚区的形成和发展对大区域和省区内部的发展开发起到了关键作用。

3. 产业集聚点是支撑地区经济发展的关键

产业集聚点是指产业依托各类中小城镇或交通结点，形成的不同规模和类型的产业集聚点。产业集聚点是中小尺度区域发展的关键支撑点，对增强地区活力、提升地区竞争力具有重要的意义。产业集聚点在产业发展类型上，地区特色或专业化程度相对较高。全国范围存在着大量不同规模、不同类型的产业集聚点，这也是新的产业发展的重要增长点，同时，也是所在区域的经济、社会发展的关键支撑点。

3.1.2　集聚仍然是未来中国产业空间发展主导趋势

产业集聚是我国现阶段工业布局的主要特点，具有自我增强的作用机制，这种集聚的趋势仍会延续相当长的时间。经济活动的空间扩散以及集聚不经济的出现，在一定程度上可以减缓这种趋势的发展。

1. 产业进一步向沿海地区集聚

现阶段，我国的产业仍然会进一步向东部沿海地区集中，生产空间过密和过疏并存是未来我国产业发展的基本格局。

东部沿海地区不仅具有良好的自然本底，水、热、土资源条件匹配适宜，更重要的是其具有产业发展的优越区位条件和发展基础，因此，改革开放40多年来，这些地区产业发展水平最高，不仅是外资企业高度集中的地区，也是我国民营企业最集中的地区。未来20年内，沿海地区，如长江三角洲地区、珠江三角洲地区、京津冀地区、海峡西岸地区、辽中南地区及山东半岛地区等，仍然是我国产业集聚的核心地区，其所承载的经济总量还会持续增加，但在未来发展中，这些地区需要转变经济增长方式，进一步优化产业结构，形成能够参与国际产业分工的现代化、国际化产业体系。

2. 中西部的优区位点有益于产业的集聚

随着东部地区生产成本的提高，以及中西部地区产业发展环境的改善，中西部地区的一些优区位点、线将会成为我国未来产业集聚的重点之一，如大江大河沿岸、主要交通干线两侧、中心城市及周边地区、资源富集地区等，有利于产业的进一步集聚。

中部地区的长江沿岸，陇海、京广、京九、京哈等河流、铁路和公路交通沿线将会是产业集聚程度最强地区。西部地区以大区、省区和地区三级中心城市及周边地区为核心，包括主要交通干线周边的中小城市也将会是未来20年产业的主要集聚地区，也是支撑西部经济发展的主体。

3. 一些产业的空间集聚趋势更加明显

总体而言，我国正处于工业化中期。根据国外的经验，这一阶段是各类产业规模进一步扩张期，尤其是以钢铁、石化为代表的基础原材料工业的规模将会不断扩大。另外，随着国民收入的提高，日用消费类产业也会有质的提升。

我国基础原材料工业的消费市场大都集中在沿海几个发达地区，加之这些工业的原料市场对外依赖程度逐渐加大，沿海地区成为这类工业发展的最佳区位，如2017年，我国铁矿石进口量高达10.75亿吨，对外依赖度达61.5%。沿海地区利用其港口优势发展钢铁工业，在成本和市场销售等方面明显优于内陆地区，因此，我国钢铁工业还会进一步向沿海地区集中，环渤海地区、长江三角洲地区，甚至珠江三角洲地区将会成为钢铁工业的进一步集聚地。石化工业也具有类似的特征，2018年，我国石油进口全年进口量达到创纪录的4.619亿吨，连续2年成为世界第一大石油进口国。在国外石化工业转移、原油来源和石化产品消费市场等因素影响下，我国石化工业将会在长江三角洲、京津冀、辽中南和珠江三角洲等地区集聚。

由于日用消费类工业产品的市场主要集中在国外，加之这类产业在沿海地区的发展基础较好，因此从总体上来看，这类产业还会在沿海地区集聚，但将会逐渐从大城市向中小城市集聚。随着沿海地区劳动和土地成本的提高，以及产业结构提升等因素的影响，这类产业也将不断向内陆地区集聚。

4. 许多地区产业集聚潜力较大

我国的主要产业集聚区与国外类似地区相比潜力仍然很大，如我国发展水平最高的产业集聚区是长江三角洲地区，而长江三角洲地区目前的土地产出率还不及日本大阪20世纪80年代的土地产出率，尚有很大潜力可挖，而其他地区的土地可开发潜力则更大。

3.1.3 新的产业集聚点不断形成

我国工业化和城市化发展仍处于加速发展阶段，加之地区间的资源分布、开发条件和发展水平等方面的差距，新的产业集聚点增加较快，但主要集中在区位和资源等条件优越的地区。总体来看，近年来新出现的产业集聚点主要集中在以下地区：

1. 经济发达地区形成专业化产业集聚点

在经济发达地区，以小城镇为核心，形成了各种专业化产业城镇，它们成为整个地区产业链中不可或缺的一部分，对提升地区产业竞争力具有重要的意义。例如，在珠江三角洲地区出现了服装、电器、家具、玩具等专业性极强的城镇，这些城镇是支撑珠江三角洲制造业发展的核心，也是解决当地就业和吸纳外来人口就业的重要支撑点。

2. 大城市周围形成城市依托型产业集聚点

在特大城市或大城市的周边地区，由于受到中心城市的直接辐射，经济社会发展水平普遍较高。例如，广州、杭州、武汉、西安、沈阳、哈尔滨等特大城市或大城市周边地区的城镇，在产业发展上直接受到中心城市的影响，形成与中心城市产业相关联的产业体系。如在长春市周边形成的以汽车配件为主导的产业城镇，在广州市周边形成的服装和家具城镇，这些产业集聚点高度依赖于中心城市的产业发展。

3. 开发条件较好的资源富集地区形成资源型产业集聚点

资源型产业集聚点主要集中分布在资源富集的中西部地区，如黔中、晋陕蒙等地区。这些地区主要依托丰富的资源优势，形成若干资源开发或加工型的产业集聚点。

4. 主要水陆交通沿线地区形成特色产业集聚点

在水陆交通干线的沿线、区位条件比较好的交通结点，有利于产业的集聚。例如，京广沿线、京沪沿线、长江两岸等地区，就是在优越的区位条件基础上，形成了一些具有地方特色的产业集聚点。

3.1.4 产业发展和集聚造成对环境、土地和水资源的压力加大

大部分产业集聚带（区、点）在保持长期的高速和超高速经济增长过程中，其代价是大规模占用土地资源、大量使用矿产资源、大量消耗水资源。产业发展已经超出地区的资源支撑能力，依赖国外进口资源成为我国基础原材料工业发展的基本趋势。与此同时，产业的发展和集聚，也带来了地区生态和环境的破坏，水污染、大气质量恶化、绿色自然空间减少等问题几乎成为所有产业集聚区所面临的共性问题。

1. 区域环境污染日趋严重

伴随着工业化进程的加速推进，水污染、大气污染、土壤破坏等问题日益严重，区域内环境污染加剧。二氧化硫（SO_2）等大气污染排放量不断增加，严重影响了京津冀、长江三角洲和珠江三角洲地区环境质量和生态。珠江三角洲、长江三角洲等地区地表水系中的绝大部分已被污染成四、五类水质。另外，由于工业化和城市化快速发展造成的地下水过量开采和非洁净能源过量使用，以及机动车大量增加，城市大气环境污染及城

市交通拥挤状况日益严重。虽然近几年一些大城市内部环境有所改善，但就整个地区而言，其环境总体质量和生态仍在继续恶化。

长江三角洲地区产业过分集中，能源消耗对环境的影响越来越严重。能源利用与环境保护之间的矛盾日益尖锐。国家要求上海市 2010 年 SO_2 排放量不得超过 30 万吨，但 2004 年，上海市 SO_2 排放量就高达 47.2 万吨；2004 年，江苏省 SO_2 排放量为 150 万吨，高于 2005 年末 100 万吨的控制指标；2004 年，浙江省 SO_2 排放量超过 70 万吨，也高于 2005 年末 54 万吨的控制指标。在能源消费不断增加的情况下，大幅削减 SO_2 等污染物排放量的任务非常艰巨。

京津唐产业集聚区大耗水、大耗能和污染性较重的重化工业所占比重较高，城市人口又过于密集，机动车数量增长迅速，城市交通经常受阻，对城市和区域的环境质量产生了较大的负面影响。虽然近年来政府加强了对重点污染企业所排放污水和废气的综合治理，也取得了明显的成效，但从京津唐地区的整体环境来看，防止生态环境恶化和提高生活环境质量仍然是一项长期而艰巨的任务。除加大环保的资金投入力度外，还必须重视对产业结构和空间结构的逐步调整和优化。

2. 土地资源流失严重

我国有限的耕地资源受到来自大规模工业化和城市化的威胁，尤其是开发区的圈地运动以惊人的速度和规模蚕食着大量的耕地资源。我国的主要产业集聚带（区、点）都位于农业条件非常好的地区，农业曾经是地区发展的优势产业，但是在快速工业化时期，我国一度对乡镇企业布局失去调控，鼓励“离土不离乡，进厂不进城”，乡镇企业分布过于分散。20 世纪 90 年代以来，开发区的发展和布局盲目失控，各级政府竞相征用和出让土地，建设各类开发区，导致许多产业集聚区的耕地大量流失，且质量下降，农业持续发展已经受到威胁。在一定的经济技术条件下，工业化和城镇化发展对耕地转化为非农业用地需求是增加的。

我国主要产业集聚带（区、点）大都具有人多地少、土地承载量大、土地资源十分宝贵的特征，但是由于各个城市竞相建设开发区，征用了大量土地，造成土地资源流失过多，而农业用地显著减少。与此同时，这些开发区的土地利用效率也很低，优质土地资源浪费现象也很普遍。据统计，2015 年，在全国省级以上开发区，国家批准规划建设用地近 3 000 万亩[①]，开发的仅占 13.5%，约有 2 600 万亩土地被闲置，而省级以下开发

① 1 亩 =666.67 平方米。

区的耕地浪费现象更为严重。

珠江三角洲地区人均耕地面积仅为全国平均水平的29%，是环渤海地区的35%，低于联合国粮农组织规定的0.8亩的警戒线，历来是我国人多地少、人地矛盾比较突出的地区。改革开放以来，珠江三角洲地区利用毗邻港澳和华侨众多的优势，大力发展以外向型经济和“三来一补”产业为主导的乡镇企业，强有力地带动了农村工业化和城镇化步伐，一跃成为全国工业化和城市化水平较高的地区。20世纪80年代初，由于缺少合理的规划，建设用地盲目扩张，非农用地迅速增加，加剧了原本就紧张的人地矛盾；20世纪90年代中期，乡镇企业遍地开花，布点过于分散，侵占了大量农田。随着人民富裕程度的不断提高，城镇居住用地和农村住宅占地迅速而随意地扩张，进一步加剧了耕地资源急速下降的趋势。

3. 产业发展对矿产资源的需求加大

产业的高速增长，对钢铁、水泥等建筑材料、石油化工、电力、有色金属等基本能源原材料的消耗量不断增长，以致我国的资源和能源供应非常紧张，大量依赖国外的进口资源。例如，从2003年起，我国石油消耗量超过日本，成为仅次于美国的第二大石油消费国；2018年，我国消费原油达6.51亿吨，成为世界第一大石油进口国。长江三角洲地区原油对外依存度更高，1981年，我国开始进口铁矿石，此后进口量逐年增长，2001年铁矿石突破1亿吨，2003年，我国成为世界最大的铁矿石进口国。

4. 产业发展与水资源矛盾没有从根本上解决

水资源不足问题突出，如京津唐地区淡水资源总量约为160亿立方米，人均水资源占有量仅为400立方米，还不足全国平均占有量的1/5，其中，天津多年人均水资源占有量不足200立方米。水资源补给来源的年际变化大，水源不稳定，外来水量近几年也呈下降趋势。近年来，随着经济的迅速发展和城市人口的急剧增长，区内工农业生产和城市生活的实际用水量早已超过平水年的实际可供水量。对地下水资源的过量开采，已在大城市周围的一些地区，形成了面积较大的漏斗区，严重地段的地基已经下沉。华北地区已形成较大地下水漏斗共20处，总面积为7万多平方千米，成为世界上区域性漏斗面积最大的地区。

3.2　“两纵两横”四大产业集聚带

“两纵两横”四大产业集聚带是指东部沿海产业集聚带、京广沿线产业集聚带、长江沿线产业集聚带和陇海兰新沿线产业集聚带。这四大产业集聚带是构成我国产业发展空间的基本骨架，承载着我国产业的精华，也支撑着我国的经济发展。

1. 东部沿海产业集聚带发展导向

东部沿海产业集聚带是我国产业发展和创新的前沿，也是我国产业参与国际竞争的核心地带。沿海产业集聚带位于我国最发达的东部沿海，呈南北纵向分布，南北长约为 1.8 万千米，东西宽约为 100 千米。

该地带内部分布着我国产业最发达的珠江三角洲产业集聚区、海峡西岸产业集聚区、长江三角洲产业集聚区、胶东半岛产业集聚区、京津唐产业集聚区和辽东半岛产业集聚区六大具有国际或全国意义的产业集聚区。

1）产业带的发展定位

沿海产业集聚带是我国经济发展的核心和脊梁，是我国经济对外开放的前沿地带，是带动我国改革开放 40 多年来经济和社会快速发展的动力，也将是引领我国未来 20 年产业升级和创新、参与国际产业竞争、有机融入国际产业分工和形成世界制造业中心的引擎。

2）产业带的发展特征

沿海产业集聚带目前已成为我国经济实力最雄厚、产业集聚程度最高的一级产业发展带。从目前的发展现状来看，沿海产业集聚带具有以下特征：

（1）产业的集聚趋势仍将会持续。沿海产业集聚带由于区位、港口、人才和科技等优势决定了其产业综合发展条件在全国位居领先地位，因此，产业集聚仍然是沿海产业带发展的重要特征。从国际产业带的发展趋势来看，我国沿海产业带的集聚过程还没有完成，未来在一些港口条件优越的大城市周边地区将会出现一些新的产业增长点，如辽宁的鲅鱼圈、葫芦岛和大连的周边地区、河北的曹妃甸、天津的滨海新区、山东省的烟台和青岛周边、苏北、杭州湾、广东省的东西两翼，将会成为沿海产业集聚带新一轮产业发展的增长点。

（2）对外开放程度和产业承接能力最强。沿海产业集聚带是我国对外开发的前沿地带，也是吸引国外直接投资最多和外资企业最集中的地带，还是我国产业接轨国际、产业分工与合作的核心地带。沿海地区良好的区位和基础条件等，成为外资的最佳投资区位。随着大量外资企业的进入，沿海地区的产业集聚水平不断提高，从南到北将会形成各具特色的产业集聚区。

（3）产业创新能力最强。随着产业集聚能力的提升，沿海产业集聚带的科技投入产业创新不断增强，不同的产业技术创新中心和创新体制不断形成。技术和创新成为推动我国产业由劳动密集型产业向资本和技术密集型产业转移的原动力。随着创新型国家体制的建立，科技创新能力将会成为沿海产业集聚带发展的主题。

（4）产业的带动和辐射能力最强。沿海产业集聚带在全国各行业都具有领先和带动作用，在传统工业的更新改造、先进制造业和现代服务业的发展等方面均对全国具有带动和引领作用。另外，其对区域的整体带动作用也很明显。

3）产业带的未来发展导向

沿海产业集聚带具有产业持续发展的区位优势、产业进一步集聚的行业配套能力、产业发展的基础设施支撑条件，以及推动产业提升和创新的科技和人才资源优势，因此，沿海产业集聚带在未来新一轮经济发展中，具备带动全国产业率先发展和再上一个新台阶的条件。沿海产业集聚带的未来产业发展导向是积极发展现代服务业和先进制造业，提升产业结构。

（1）提升产业结构，保持沿海产业集聚带的持续竞争力。沿海产业集聚带未来需要转变经济增长方式，提高经济增长的质量、效益和可持续发展能力，重点发展汽车、船舶、电子信息、通信设备、航空航天、机电一体化等制造业，建设具有世界领先水平的先进加工制造业集聚带。

（2）建设不同级别的金融、航运、贸易等现代服务业中心，提升产业带对外和对内的辐射和带动作用。顺应国际产业分工、国际贸易全球化、世界经济一体化和经济区域集团化的趋势和产业空间重构的特征，在沿海产业集聚带培育和发展若干以现代服务业、高新技术产业和先进制造业为主的中心城市，使其成为国际产业大循环的依托、区域经济集团的支撑点、各类经济圈的核心、经济组织和金融活动中心，进一步壮大沿海产业集聚带现代服务业和新兴产业。

（3）发挥科研、人才和产业基础优势，建立国际水平的高新技术研发和生产中心。加大科技投入，重视科技进步，增强沿海产业集聚带的自主创新能力，发挥产业集聚带对全国经济发展的引领和带动作用。

2. 京广沿线产业集聚带

京广沿线产业集聚带是指沿京广铁路沿线和京珠高速公路沿线呈南北纵向分布的产业集聚带。在南北长达 2 300 多千米、东西宽约为 50 千米的京广沿线产业集聚带上，集中分布着京津唐产业集聚区、中原产业集聚区、武汉产业集聚区、长株潭产业集聚区、珠江三角洲产业集聚区五大产业集聚区。京广沿线产业集聚带人口和城市分布密度均高于全国平均水平，产业集聚带内部形成了比较发达的公路、铁路、航空和管道等综合运输体系，交通运输体系对京广沿线产业带内部产业的集聚和扩散起到了重要的支撑作用。

1）产业带的发展定位

京广沿线产业集聚带是仅次于沿海产业集聚带的一条重要纵向产业集聚带，不仅是沟通我国南北、东西产业分工与合作的重要纽带，也是我国重要的农业、基础原材料、装备制造业和高新技术产业的密集地带，而且还是支撑我国中部崛起和沟通南北经济发展的重要产业集聚地带。

2）产业带的发展特征

京广沿线产业集聚带是北京、河北、河南、湖北、湖南和广东 6 省市经济发展的核心区和优势产业集聚重要轴线，主要发展特征如下：

（1）是我国重要的产业集聚和创新带。首先，北京、郑州、武汉、广州等城市交通区位条件优越，是沟通南北和东西的交汇点；其次，对外开放程度较高，是全国和大区域的科技创新的中心，对省区内外具有直接的辐射和影响力。与此同时，这一地带的中小城市也是承载产业带沿线各省的重要结点。

（2）是中部地区崛起的核心。河南、湖北和湖南在中部 6 省中占有重要位置，而这 3 个省的人口和产业密集区主要位于京广沿线产业带，产业带的纵向和横向衍生对中部其他省区也具有一定程度的辐射和带动作用，因此，产业带的发展对中部崛起有重大意义。

（3）是全国重要的原材料和装备制造业基地。河北和湖北的钢铁、河南和湖南的有色冶金等是我国重要的原材料生产基地，北京、郑州、武汉和广州的交通运输设备、各种机械设备等在全国地位突出。

（4）是全国重要的农业生产基地。湖南、湖北和河南等省是具有全国意义的农产品主产区和重要的农副产品及水产品加工基地。

3）产业带的未来发展导向

积极发展京广沿线的中心城市，促进生产要素向产业带的集中，加快经济结构调整，优先发展高新技术产业和装备制造业，促进京广沿线优势产业带的发展，构筑新的产业发展空间。

走新型工业化道路，建设我国重要的先进制造业基地。大力发展高新技术产业，用高技术和先进适用技术改造和提升传统产业。促进资源主导型产业向技术、资金和劳动密集型产业协调发展转变，从以生产中间产品为主向生产终端产品和消费型产品为主转变。完善中小城市的投资环境，积极承接国内外先进地区的产业辐射，建设全国重要的农产品加工、汽车制造和原材料工业基地。充分发挥水土资源和区位优势，建成全国主要的高产、稳产商品粮油渔优质基地。

3. 长江沿线产业集聚带

长江沿线产业集聚带是指沿长江方向，自宜宾至上海约 1 700 千米，呈东西分布的产业集聚带。在长江沿线产业集聚带上自东向西分布着长三角产业集聚区、武汉产业集聚区、成渝产业集聚区三大产业集聚区，并分布着上海、南京、武汉、重庆 4 个特大城市和 20 多个大中城市及若干个小城市。随着长江航运及沿岸资源的开发，产业集聚程度和城市化水平将进一步提升，因此，长江沿岸产业集聚带在全国的地位也会不断提高。

1）产业带的发展定位

长江沿线产业集聚带具有通江达海和连接东、中、西三大经济地带的区位条件，农业发达、工业基础坚实、技术水平较高，这些有利条件为长江沿岸产业集聚带的快速发展奠定了基础。长江沿线产业集聚带是我国未来电子信息、生物制药、汽车、摩托车、精密机械、电力、石油化工和冶金为主的制造业和能源原材料生产基地，也是我国重要的商品粮和特色农产品生产的加工基地。

2）产业带的发展特征

长江沿线产业集聚带沿长江黄金水道，横贯我国东、中、西三大地带，具有便利的交通和区位条件、丰富的资源禀赋优势和相对坚实的产业发展基础，因此，不论现在还是未来，该产业带在全国都具有举足轻重的地位。其发展特征如下：

（1）产业发展基础比较雄厚。该产业带拥有全国最发达的农业生产基地（江汉平原、洞庭湖平原、鄱阳湖平原、太湖平原、里下河地区和四川盆地等农业生产基地），同时，该产业带是能源和原材料工业密集的产业集聚区，能源基地包括上中游水电、四川盆地天然气、沿海大陆架油田等，原材料基地包括皖、赣、鄂、渝、川的有色金属和钢铁资源等开发潜力地区，也是我国产业开发由沿海向内地转移的重要地带。

（2）沿江产业布局的格局已经形成。长江上、中、下游已初步形成具有一定产业分工，而且区域经济联系不断加强的发展态势。产业集聚带在制造业、重化工业和高新技术产业上位居全国重要地位。以上海、南京、武汉和重庆为核心，形成了我国最大的沿江汽车制造、钢铁生产、电子信息产业集聚带。

（3）汽车工业以上海、南京、芜湖、武汉和重庆 5 个大型汽车生产基地为核心；钢铁工业以宝钢、上钢、马钢、武钢、攀钢 5 个全国特大型企业及若干全国重点企业和地方骨干企业为龙头；石油化工则以金山石化、扬子石化、镇海石化和岳阳石化等大型企业为主导。

（4）第三产业快速发展。上海、南京、武汉、重庆、宜昌、芜湖、九江、岳阳、涪陵等沿江城市已成为第三产业发展的重要载体，也是沿江省市的商品流通业、邮电通信业、金融保险业和其他社会化服务业的集聚点。尤其上海、南京、武汉和重庆也属于全国第三产业最发达的城市，对促进全国现代服务业的发展起到了不可或缺的作用。

3）产业带的未来发展导向

充分发挥长江三角洲的门户作用和辐射带动作用，构筑以上海为龙头的产业梯度升级体系，增强长江产业集聚带对全国产业的支撑和带动作用；进一步强化成渝产业集聚区对西部产业发展的带动作用，形成产业带的另一个增长极；壮大以武汉为中心的长江中游产业集聚区，支撑沿江经济带的整体发展。

充分发挥长江黄金水道的优势，促进沿江省市的产业和要素向长江两岸聚集。利用水路联运、江海联运等有利条件，引导冶金、石化、电力、汽车、建材等耗水量大、载能高、运量大的优势产业向沿江布局，形成生态型临港工业区；依托区域性中心城市核心服务功能，大力发展先进制造业、高新技术产业，促进沿江产业集聚带的产业升级和国际竞争力。鼓励产业的转移和承接，形成梯度转移和承接园区，构筑相对完善的产业链体系。

推动沿江城市的合作和分工，形成产业带上下游联动的发展态势。通过加快沿江地区公路、跨江大桥、城际铁路、水运、航空等交通建设，逐步整合和提升沿江产业，形成以长江及重要交通干线为主轴，以先进制造业为主导、原材料工业为基础的产业密集带。

重视农业基础建设，巩固商品粮油基地对全国粮食安全的作用，积极开发和保护国家战略性的高产稳产的商品粮油基地。

4. 陇海—兰新沿线产业集聚带

陇海—兰新沿线产业带东起连云港，经徐州、开封、郑州、洛阳、西安、宝鸡到兰州，沿兰新线，经河西走廊、乌鲁木齐一直到阿拉山口，是欧亚大陆桥的核心地段之一。在产业集聚带上分布着苏北产业集聚区、中原产业集聚区、关中产业集聚区和天山北麓产业集聚区等国家和省级产业区。

1）产业带的发展定位

陇海兰新沿线产业集聚带是沟通东、中、西经济和社会发展的重要产业集聚带，不仅是我国重要的能源、原材料和现代制造业集聚带，而且也是我国经济由东部转向内陆的重要支撑带。积极推进和发展陇海兰新沿线产业集聚带，有利于东部、中部和西部三大地带经济合作，加速地区间生产要素和产业的扩散和集聚，对解决地区间经济差异具有重要作用。

2）产业带的发展特征

陇海兰新产业集聚带大部分地段资源丰富，经济基础较好，城镇相对密集，但产业集聚带内部差异较大，尚处于初级发展阶段。其发展特征如下：

（1）产业集聚带内部的经济发展水平极不平衡。由东而西基本呈递减态势，但在中西部地区也有一些区位条件和发展基础较好的、重要的经济中心和增长极。从产业发展水平来看，该产业带包括我国上、中、下游各种档次的产业群，可以说是我国产业发展水平的缩影。

（2）全国重要能源和原材料工业集聚带。该产业集聚带煤炭资源、水电资源和油气资源相对丰富，已经形成以徐州、淮北、兖州、滕州、平顶山、焦作、新密煤炭为主体的能源区。黄河上游水电开发区和新疆油气田开发区等，是我国最重要的能源产业密集地带。与此同时，该产业集聚带也是我国重要的原材料集聚带，其中，有色冶金、石油化工等产业在全国地位比较突出。

（3）全国重要的制造业基地。徐州、西安、宝鸡、郑州、洛阳、兰州、乌鲁木齐等地区在工程机械、电子信息、电力机械、航空航天、汽车制造、机床工具等产业中占有全国重要地位，如徐州的重工集团，河南的许继集团、天鹰集团、中信重工、中国一拖集团有限公司、洛阳轴承集团有限公司等重大装备制造企业，陕西的电力设备、机床等在全国的装备制造业中占有重要的位置。

（4）全国重要的农业基地。中原、关中、河西走廊、天山北麓等不仅是我国大宗粮食、优质棉油和优势畜产品等的生产和加工基地，而且也是粮食加工、肉类制品、速冻食品、系列奶制品、功能特色食品等的加工基地。

3）产业带的未来发展导向

（1）点—轴模式推进产业带的发展。产业集聚带要以陇海—兰新铁路和同方向的高速公路、主要交通干线为轴线，以沿线的省会城市和地级城市为节点，呈串珠状展开。要充分发挥省会城市（如郑州、兰州、西安及若干地级城市）的带动和辐射作用，由“点”而“线”，由“线”到“面”，全面推动产业集聚带的形成和发展。

（2）壮大能源和原材料基地。产业集聚带要充分发挥连接东亚和中亚的区位优势，以及农牧业、能源、矿产资源丰富和军工企业的优势，以欧亚大陆桥为纽带，加快水利、交通建设和资源开发，形成全国重要的棉花和畜产品基地、石油化工基地、能源基地、有色金属基地和新材料基地。

（3）发展现代制造业。发挥郑洛工业走廊、关中产业走廊、兰州—白银产业走廊、乌鲁木齐—昌吉—米泉—阜康工业走廊的优势，形成以现代制造、高新技术、轻纺、食品、医药和精细化工等为核心的若干产业密集区，提升产业带的发展水平。

（4）积极发展现代服务业。依托郑州、西安、兰州和乌鲁木齐等大城市，积极发展金融保险、物流、生产者服务业和旅游业，形成不同层次的区域性金融中心和商贸物流中心。

3.3　三大产业引领区

三大产业引领区包括珠三角产业集聚区、长三角产业集聚区和京津唐产业集聚区，是我国产业融入国际产业分工、参与国际产业竞争的主力军，在我国经济发展总体格局中具有很强的地位和影响力。三大产业引领区占全国国土面积的 6%，却创造了我国近 40% 的 GDP。未来，三大产业引领区要以提升参与经济全球化的能力为发展的基本导向，将三大产业引领区建设成为国家创新体系和现代服务业的中心、先进制造业和高技术产业的引领区。

1. 长江三角洲产业引领区

长江三角洲产业引领区地处我国沿海、沿江两大经济发达地带的接合部位，以上海为中心，以沪宁杭为主体，包括上海市，江苏省的南京、苏州、无锡、常州、扬州、镇江、南通、泰州，浙江省的杭州、宁波、湖州、嘉兴、绍兴、舟山、台州 16 个城市。该地区仅凭占全国 1% 的土地和 6% 的人口，就创造了占全国总量 20% 以上的 GDP，已成为我国最具发展活力和发展潜力的地区之一。

1）产业区的发展定位

长江三角洲产业引领区是我国高端服务业、高新技术产业和先进制造业集聚的核心区，不仅是引领我国产业升级和技术创新的龙头，而且也是我国产业直接融入国际产业链分工与合作、参与国际产业竞争的主力。未来，产业发展的目标是形成我国面向东亚和全球的金融、贸易、航运中心，全国高新技术产业的研发和生产中心，具有国际意义的汽车、船舶、电子信息、航空航天等先进制造业基地。

2）产业区特征

长江三角洲产业引领区是全国经济最发达的地区之一，以上海、南京、杭州等城市为中心，已经成为全国经济发展水平和城市化水平最高、专业化分工和协作最强的产业集聚区。长江三角洲占全国国内生产总值的20%，年进出口总额占全国的30%。已有400多家世界500强企业在这里落户，合同利用外资总值已超过1 500亿美元。许多工业产品位居全国前列，其中，化学纤维产量占全国的60%以上，集成电路产量占全国的50%以上，钢铁、汽车、纱和布的产量占全国总产量的20%。

（1）全国最强的产业集聚区。长江三角洲地区制造业轻重适宜，门类齐全，已经形成以钢铁、汽车、船舶、石化、电子、医药等行业为主导的具有较强竞争力的产业集群，纺织服装、食品加工、机械加工等传统加工配套业发达，工业总产值约占全国1/3。与京津唐地区比较，长江三角洲地区制造业配套齐全、工艺较为精细，而与珠三角相比，长三角又具有良好的重工业基础，体系相对完整。

（2）全国最强的高新技术产业集聚区。长三角地区微电子、光纤通信、生物工程、海洋工程、新材料等高新技术产业在全国地位突出，已初步形成上海张江、漕河径，浙江杭州、宁波，江苏南京、苏锡常等高新技术产业集聚区，对全国产业结构升级和产业竞争力提升起到了重要的作用。

（3）产业的外向度较高。长三角地区凭借其得天独厚的区位优势、人才优势和政策优势，吸引了较多外资，外资企业和外向型经济已成为推动地区经济发展和产业结构优化升级的重要力量。长三角地区已成为跨国公司在我国投资最为密集的地区，是我国吸引外资的主要载体。

（4）依托主要交通干线形成了三大巨型产业走廊。包括以沪宁、沪杭、渝杭铁路和高速公路沿线在内的众多中心城市为支撑的高新技术产业走廊，沿长江下游及河口两岸地区集中分布的装备制造业和重化工业产业走廊，以及环杭州湾两岸地区临港重化工业及加工制造产业走廊。三大产业走廊对带动长江三角洲经济的发展起到了决定性作用。

3）产业区的发展导向

积极吸引全球发展要素集聚，在完善传统产业的基础上，大力发展现代服务业和先进制造业，把自主创新作为新一轮长三角经济发展和产业升级的动力。建设创新型区域可以带动东部沿海地区和中西部地区产业升级和梯度转移。

建设全国创新中心。发挥人才和强大的教育科研能力及完备的研发支撑体系，促进技术创新、品牌创新、产业组织创新、服务和市场创新，培育自主创新能力，强化从“中国制造”转而为“中国创造”的战略意识，使长三角从一个国际性的生产基地转变为具有重要国际地位的集研发设计、生产加工、国际营销和强大商务服务为一体的世界制造业中心之一。

（1）形成现代服务业中心。长江三角洲地区在金融、信息、物流、商贸等现代服务业领域处于全国领先地位。充分利用服务业国际转移的新机遇，大力发展金融、信息和物流等现代服务业，形成以上海为中心，覆盖长三角，服务中西部的服务体系，以上海、南京和杭州为中心的国际金融和贸易中心、航运物流中心、旅游休闲度假中心和其他新兴服务业集聚区。完善现代服务功能可以促进产业链的延伸，增强产业的国际竞争力。

（2）发展装备制造业和基础原材料工业。以汽车、船舶、机床、大型机械和成套设备等为重点，积极发展机电一体化装备，形成先进技术装备制造产业链。利用机械加工和装备产业优势，提高设计开发水平和创新能力，积极发展大型机械和整机装备；在降低能耗的基础上，适度发展钢铁和石油化工等基础原材料工业；围绕重化工业、钢铁、汽车、装备业，形成跨地区的关联配套产业集群网络，深化长三角地区的产业分工水平。

（3）促进区域一体化。继续强化上海的中心地位及其与苏锡常、杭嘉湖、宁镇扬三大城市群的协调发展，统筹和共享区域重大基础设施，推进区域经济一体化进程。空间整合和优势重组可以有效引导人口、产业适度集中，促进中小城镇合理发展。

（4）积极治理水污染，改善水环境质量。严格控制污染源，缓解湖泊富营养化趋势。以地表水质的改善为基础，限制地下水的开采量。

2. 珠江三角产业引领区

珠江三角产业引领区位于珠江下游，毗邻港澳，地理位置相当优越，包括 26 个城市，总面积为 4.16 万平方千米，与其他两大都市圈在人口、土地以及经济发展等方面的差异明显。

1）发展定位

发挥地缘优势，促进粤港澳区域经济一体化，提高珠江三角产业引领区的产业竞争力、科技创新能力和对外门户功能，将珠江三角产业引领区建成引领我国发展的强大引擎、泛珠区域创新体系的枢纽、现代服务业的中心和先进制造业基地，以及全球各种生产要素流动的集散中心之一。

2）现状特征

（1）“世界工厂”的地位不断强化。珠三角利用靠近港澳的区位优势以及劳动力和市场优势，成为吸纳外资和港澳投资的最佳区位。产业结构逐步由全球的家电、服装纺织、制鞋、皮具、玩具、工艺礼品、陶瓷、家具家饰、小五金等诸多劳动密集型产业的生产基地，转变为电子通信、汽车、新材料、生物医药、石油化工等技术和资本密集型产业的生产基地。

（2）产业结构逐步优化和升级。珠江三角洲地区在优先发展高新技术产业的同时，稳定发展了优势传统产业，拓展了新材料与新能源、节能与环保、海洋工程技术等新兴产业，大大促进了高附加值产业的发展。电子信息产业、装备制造业、家用电器、石油化工、服装纺织、食品工业、建材工业、造纸工业、生物医药等产业已成为珠三角产业发展的龙头，产业结构进一步得到优化。

（3）高新技术产业地位突出。以东莞等市为中心的计算机制造基地，以深圳等为中心的通信设备制造基地和以深圳、惠州、中山等为中心的家用视听设备制造基地等成为珠三角产业发展的新增长点。尤其是广州、深圳、珠海等城市的高新技术产业开发区与经济技术开发区已成为高新技术产业发展的主要载体，电子信息产品年产值多年位居全国首位，是全球最大的硬件生产基地。

（4）重要的亚热带农产品生产基地。珠三角地处亚热带，气候温暖，降雨量充沛，是全国光、热、水资源最丰富的地区，有着养殖水产、畜禽和水果种植的明显优势，是全国亚热带特色农产品、花卉、无公害蔬菜、优质水产品等的生产基地。

（5）全国重要的现代服务业中心。珠三角在金融、贸易、物流、国际航运、会展、咨询、旅游、文化和体育等现代服务业中居于全国领先地位，是华南地区最大的知识密集型服务业集聚区。其中，广州的国际会展业、金融保险、贸易、旅游休闲业、产品设计和开发、新闻媒体产业等现代服务业对华南和全国具有引领作用；深圳在国际航运、现代物流、金融证券、创意产业等现代服务业上都领先于其他地区。

3）未来发展导向

（1）大力发展现代服务业。强化该区作为我国东南沿海地区最大的经济重心和国际化程度最高的门户都市的功能，提升产业层次，改造和转移传统优势产业，承接新一轮国际制造业转移，深化全球最重要的国际性制造业加工基地与现代服务业功能。提升广州和深圳的现代服务业发展，大力发展生产者服务业，可以打造世界先进制造业基地和金融、贸易、咨询以及旅游中心等现代服务业的综合中心。

（2）优先发展高新技术产业。推动高新技术产业建设，鼓励企业技术创新，优先发展电子信息产业，大力发展生物和医药产业，积极发展新材料，促进制造业产业结构高级化。把珠江三角洲地区建成以电子信息、新材料、生物技术、光电一体化等为核心的高新技术产业研发和加工基地。

（3）适度发展现代重化工业。原材料工业发展将是珠三角工业化的阶段性的目标选择，可以发挥区位和深水港的有利条件，积极利用国际资源，并在珠三角东西两翼地区，适度发展石油化工、钢铁、电力等基础原材料工业。

（4）促进传统优势产业的升级。积极引导汽车、服装纺织、消费类电子、食品饮料、建材、造纸等产业的升级，延伸产业链、培育产业集群，构筑交通运输机械制造业产业链、服装纺织制造业集群、消费类电子产业集群、农产品加工产业链。

（5）完善产业配套能力。将本土企业纳入跨国公司主导的全球生产体系中，使其成为产业链中的一个有机组成部分。通过与跨国公司的配套互动，逐步上升到附加值较高的产业环节。引进外资时，必须考虑本土企业的技术水平和配套能力，选择性地引进外资，延长出口加工品的本土企业的生产链条。

3. 京津唐产业引领区

京津唐产业引领区包括北京和天津两个直辖市及河北省的唐山、秦皇岛和廊坊三个地级市的行政范围，总面积为5.53万平方千米，已发展成居全国第三位的产业密集地区。

1）发展定位

京津唐地区是我国北方最大和发展程度最高的产业核心区，也是我国参与国际经济交流和合作的重要门户。未来将会作为我国区域经济增长的第三极，引领我国乃至世界技术创新和高新技术产业发展的潮流并成为电子信息、通信设备、生物技术、新材料、机电一体化等高新技术产业的最大集聚区。

2）现状特征

（1）京津唐地区是我国北方最发达的产业集聚区。京津唐产业引领区的现代服务业和科技创新、空港和海港物流等行业在全国居重要地位。与此同时，在电子信息、汽车制造、钢铁、化工、医药等行业也具有明显优势，并形成一批具有区域和国际竞争力的龙头企业。

（2）北京是现代服务业和高新技术产业集聚中心。在北京，以金融保险、商贸物流、邮电通信、会展、旅游和中介服务为代表的现代服务业已成为全国龙头行业；同时，电子、汽车、装备制造、医药等行业在国内也具有较强的竞争力；电子计算机、光机电一体化、航天、新型材料、新能源、生物工程等高新技术产业的发展潜力巨大。

（3）天津是高新技术产业化基地和现代制造业中心。天津已形成以电子信息、汽车、生物技术与现代医药、冶金、石油化工和新能源及环保为主的现代制造业体系，且以港口物流为核心的金融、旅游、会展、房地产等现代服务业发展态势良好。

（4）唐山是重化工业生产基地。唐山已经形成钢铁、煤炭、建材、化工、旅游、农副产品加工等优势产业，尤其以钢铁、建材和煤炭等为核心的重化工产业优势比较明显，位居全国前列。

3）未来发展导向

积极发展现代服务业和高新技术产业，推动重化工业由规模增长型向效率增长型转变，提升制造业的水平，形成引领我国北方产业升级和发展的动力源。

（1）建设科技创造和研发中心。充分发挥北京和天津拥有的科技创新资源优势和区位优势，重点发展研究开发、教育、文化产业、信息服务、金融、管理服务（企业总部）等科技创新行业和现代服务业，将京津唐产业引领区建设成为全国的知识型、科技创新型区域，引领我国从产业价值链低端向中高端提升。突出中关村园区的地位，打造高新技术产业带的国家创新中心；重点扶持和发展北京亦庄、河北廊坊和天津经济技术开发区；整合产业带内部的各种产业园区，形成高新技术产业链。

（2）大力发展现代服务业。抓住服务业国际转移的新机遇，大力发展金融、信息、物流等现代服务业，提高城市综合服务功能，促进服务业的结构升级。将现代服务业作为产业链条中的重要一环，提高制造业、农业与现代服务业的融合度，提高服务水平和效率，形成以京津为中心的我国北方的服务支撑体系。

（3）控制基础原材料产业的扩张。适当控制钢铁、建材、石油化工等传统产业的规模扩张，重点向环保型、节能型和高端产品发展。在产业空间发展方向上，要发挥天津港和唐山港的优势，以天津滨海新区和曹妃甸工业区建设为核心，推进产业向滨海地带集聚。

（4）重点发展先进制造业。通过区域资源与产业整合延伸产业链，培育具有区域特色的产业集群，不断推进电子信息、医药制造、汽车及装备制造等先进制造业的发展，实现区域产业结构向精深加工、高级化与合理化方向转变。

（5）重视水资源和环境保护。该区域人均水资源拥有量不足 500 立方米，属于我国严重的缺水地区，因此，要严格限制大耗水产业发展，优化水资源配置，减少农业灌溉用水量，积极实施南水北调工程，减少地下水超采现象，恢复地下水质量，从根本上解决水资源短缺的问题。积极利用海水资源，同时，重视近海水域生态环境的综合治理。

3.4　三大产业先导区

三大产业先导区包括山东半岛产业集聚区、辽中南产业集聚区和成渝产业集聚区，是带动我国产业发展的动力，在全国的地位和作用仅次于三大产业引领区。三大产业先导区具有不同的定位和发展导向，发展过程中的支撑体系和面临的问题也各不相同。

第4章　基于绿色生态理念的产业发展与规划基本方法

产业发展与规划的研究一般可采用定性和定量分析法结合分析，本章从产业分析和产业规划流程的视角出发，系统地介绍产业基本面分析、产业竞争力评价、区域产业结构分析、主导产业选择与确定、产业集群辨识、产业布局模型等常用的定性和定量分析方法与模型。定性和定量分析法各有优劣，定性、实证的方法在区域产业分析中也具有重要的意义。影响区域经济发展和产业竞争力的因素许多是无法量化的，定量方法能够在数量上对产业进行准确描述，受主观因素的影响较少，因此，研究者可根据研究的产业对象的属性和特点，选择合适的定性和定量分析工具组合使用。

4.1　产业基本面分析

产业基本面分析是指对影响产业发展态势的一些基础性因素的研究，包括宏观经济状况、行业地位、企业发展水平、产业潜力等。产业基本面分析可以把握决定产业发展的基本要素，是产业发展与规划的基础。

4.1.1　利益主体意见法

利益主体意见法（Stakeholder Opinion Method）不仅常作为重要的调研方法，而且还是一种重要的规划分析工具，在规划实践中应用广泛。对利益主体提出的定义是“（一个组织的）利益主体是指任何可以影响该组织目标的或被该目标影响的群体或个人”（Freeman，1984）。产业发展的利益主体包括产业研究等相关科研人员、地方政府首脑、部门领导、大型企业领导者、员工、本地居民、积极团体（包括NGO）、外来投资者、游客等，他们是“对于产业发展现状、供应链、投资模式，以及新产品的契机、产业环境影响等情况了如指掌的区域代理人或紧密相关者……”（Stough，1997），是进行产业发展与布局判断的重要信息源。

根据侧重点的不同，利益主体意见法一般可以采用政府座谈会、圆桌会议、入企（入户）访问、社会问卷调查、产业发展协调会议、德尔菲(Delphi）专家意见法等形式收集所需关键信息来确定地区产业发展与布局的关键。根据不同的利益主体需求，一般应采取多种方法组合。例如，有些产业规划会重点提取一些极为重要的利益主体进行意见分析，因此又将其称为专家意见法、部门调研座谈法等。

利益主体意见法针对性强，能够同时收集到丰富的地区信息，对产业基本面分析极为重要，但其也有不足之处：一是对于代表不同类型利益的利益主体意见，研究者在引用的过程中难以准确把握其正确性；二是依赖利益主体的主观意见，较难实现系统化的数据收集，而且其数据收集技术的效力有待验证。

4.1.2　SWOT 分析法

SWOT 分析法又称为态势分析法，是分析一个经济主体和产业发展的战略地位的重要方法，也是目前产业规划中常用的基本面分析方法。SWOT 分别代表优势（Strength）、劣势（Weak - ness）、机会（Opportunity）和威胁（Threat)。该方法就是将与研究对象密切相关的各种主要优势、劣势、机会和威胁，通过调查列举出来，并依照矩阵形式排列，然后，再用系统分析的思想，把各种因素相互匹配起来加以分析，从中得出一系列相应的结论，而这个结论通常带有一定的决策性。

优势和劣势是自身因素，机会与威胁是面临的对外因素。该法通过对区域经济主体自身所具备的优势和劣势的分析来判断经济主体的实力，通过对经济主体所处的环境中的机会和威胁的分析来判断环境的吸引力。经济主体自身的实力和环境的吸引力构成了该经济主体的战略地位，也可以作为制定区域经济发展战略的出发点。

SWOT 分析不仅能给出一个对区域经济战略地位的比较清晰、全面、系统的判断，而且为制定提升区域竞争力、发展区域经济的战略提供一个直接的思路。该方法的局限性在于缺乏定量分析，难以说明具体影响程度，但由于其存在明显的优点，因此，SWOT 分析法在产业研究中仍经常被采用。

4.1.3　波士顿矩阵

波士顿矩阵是由美国波士顿咨询集团（Boston Consulting Group）首创，起初主要是应用于规划企业产品组合的管理（托马斯等，2001），后来逐渐被引入到产业基本面分析中，分析地区经济中各个行业及其结构如何适应市场需求的变化，由此可以将资源有效地分配到合理的产业中，以保证产业发展的优势，成为区域竞争取胜的关键。

波士顿矩阵把地区经济中的各个行业单位划分为以下四种产业战略类型，如图 4 –1 –1 所示。

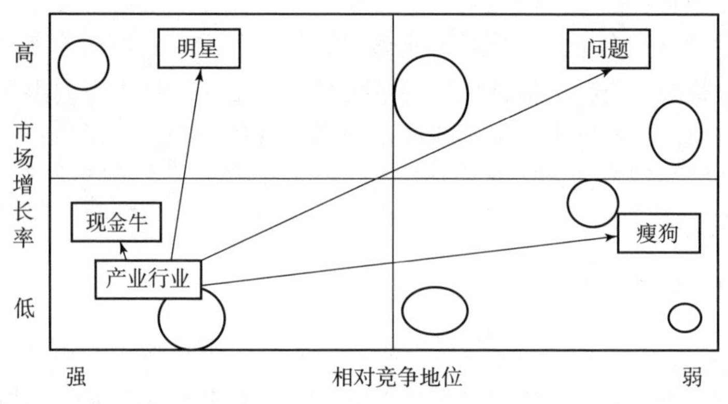

图 4 –1 –1　波士顿矩阵

1. “现金牛”型产业

“现金牛”型产业具有低产业增长率和高市场份额。由于高市场份额，其利润和资金产生量应当较高，而较低的产业增长率则意味着此产业对资金的需求量也较低。于是，大量的资金余额通常会由此“现金牛”创造出来。它们为本地区的资金需求提供来源，因而成为地区产业发展的主要基础。

2. “瘦狗”型产业

“瘦狗”型产业是指那种具有低市场份额和低产业增长率的产业部门或单位。低市场份额通常暗示着较低的利润，而由于其产业的增长率也较低，故为提高其市场份额而进行投资通常是不允许的。但该部门为维持其现有竞争地位所需要的资金往往大于它所创造的资金量，因此，“瘦狗”型单位常常成为资金陷阱。适用于该产业类型的最合乎逻辑的战略方案是“清算”，即调整该产业，逐步退出市场竞争。

3. “问题”型产业

“问题”型产业部门或单位具有低市场份额和高业务增长率。由于其较高的业务增长率导致资金需求量较高，且受其市场份额限制，资金产量又较低，同时还具有较高的业务增长率，因此，对“问题型”产业采取的一种战略应当是进行必要的投资以获取增长的市场份额，并促使其成为一颗“明星”。当其业务增长率慢下来之后，该产业就会成为一头“现金牛”。另一种战略则是对管理部门认为不可能发展成“明星”的那些“问题型”产业实施脱身战略。

4. “明星”型产业

“明星”型产业部门或单位具有高增长率和高市场份额。由于高增长率和高市场份额，因此“明星”型产业运用和创造的现金数量都很巨大。“明星”型产业一般为企业提供最好的利润增长和投资机会。很明显，对于“明星”型产业，最佳的战略是进行必需的投资以保持其竞争地位。

利用波士顿矩阵分析法，可将地区经济中的产业进行分类，提取出“现金牛”型产业、“瘦狗”型产业、“问题”型产业、“明星”型产业，并调整产业发展方向，确定地区经济主导产业和重点发展方向，优化地区产业结构。

4.1.4　区位分析法

一般而言，区域经济的发展很难脱离周边环境，因此，区域主导产业的选择会考虑到区域经济的集聚与互补因素，区位分析法将研究对象纳入周边的经济环境中，有利于帮助地区经济与产业发展融入区域经济协作中。依托经济区位论、中心—边缘理论、点轴理论、城市区域、产业集群等理论基础，区位分析可采用定量与定性相结合的方法，分析地区经济的地理区位、交通区位、产业区位、市场区位等区位条件，以动态和发展的眼光判断产业发展的竞争优劣势与未来发展方向。

4.2　产业竞争力分析

产业发展与规划研究离不开产业竞争力分析。本节主要介绍产业竞争力的单项指标评价法和综合评价法以及偏离—份额分析法（Shift—Share Analysis）等。单项指标评价法选取显示性的指标进行测算，综合评价法有 WEF 和 IMD 的国家竞争力评价体系、ICOP 方法、UNIDO 的工业竞争力指数法和基于产业竞争力影响因素构建的综合评价指标体系等。偏离—份额分析法既可以评估一个区域或城市产业的增长和竞争优势，还可分析产业发展的主导方向，因此，关于产业结构和产业规划分析也经常用到该方法。

4.2.1　产业竞争力单项指标评价法

产业竞争力单项指标评价法是指选取能够表示产业竞争力竞争结果或

具有显示性的指标，计算这项指标，可以在不同产业层次或不同地域层次上的比重来确定产业竞争力的大小。国际上一般采用比较优势指数、贸易专业化指数 TIC、相对出口绩效 REP 指数和劳埃德—格鲁贝尔指数四种计算方法来确定该产业在国际上的产业竞争力。在地区层面上，选取外商投资企业产值比率（%）、经济外向度（%）、产业产出密度（元/平方千米）、产业赢利能力、产业市场份额、产业增加值、产业的高级化程度等显示性指标揭示产业竞争力。

4.2.2　产业竞争力综合评价法

产业竞争力综合评价法是指将综合影响产业竞争力的各个因素，构建评价指标体系进行评价，一般采用加权求和的方法计算产业竞争力总指数。对于权重的确定，则可以采用主观权重法、层次分析法、主成分分析法、因子分析法来确定权重，也可以采用等权重处理的方法。著名的产业竞争力评价方法有 REF 和 IMD 的国家竞争力评价体系、UNIDO 的工业竞争力指数法等。

1. 世界经济论坛和瑞士国际管理开发学院的国家竞争力评价体系

世界经济论坛（WEF）和瑞士国际管理开发学院（IMD），采用综合指标评价的方法对不同国家和地区的国际竞争力进行评价，已初步形成了一套比较完整的评价体系。此方法是目前国际上比较权威的国际竞争力评价方法。总体来说，IMD 强调竞争力是一国在先天资源与后天生产活动配合下，其所能创造国家财富的能力较侧重静态的评比；而 WEF 则强调“竞争力是某国提高其经济增长率并持续提高人民生活水准的能力”，注重某国 5～10 年的经济增长潜力，较侧重动态的评比。

2. 产业和生产率国际比较方法

产业和生产率国际比较（International Comparison of Output and Productivity，ICOP）方法，是由荷兰格林根大学建立，通过对一个特定地区与其他地区在相对价格水平、分部门的劳动生产率及全要素生产率等方面进行比较以揭示该地区工业与国内外其他地区差距的一种评价方法。

3. 联合国工业发展组织的工业竞争力指数法

联合国工业发展组织（UNIDO）运用工业竞争力指数（Competitive Industrial Performance Index）来测量国家（地区）生产和出口制成品的竞争能力，由四个指标构成：人均制造业增加值，人均制成品出口，制造业增加值中的中、高技术产品比重，制成品出口的中、高技术产品的比重。该方法侧重对国家（地区）制造业竞争力的评价。

4. 基于产业竞争力影响因素构建的综合评价指标体系

根据对产业竞争力影响因素的不同理解以及数据的可获得性，我国学者也构建了产业竞争力指标体系，并加以实证。

魏后凯等（2002）提出了一个衡量地区工业竞争力的基本理论框架，即地区工业竞争力是由市场影响力、工业增长力、资源配置力、结构转换力和工业创新力有机构成的综合体，并设计了一个简便的测度地区工业竞争力的综合评价指标体系，如图4－2－1所示。陈红儿等（2002）从产业投入、产业产出、技术水平、市场绩效、可持续发展五方面考虑，建立了包含多个指标的指标体系，并以此对浙江省的区域产业竞争力进行了实证研究。贾若祥（2002）从竞争实力、竞争潜力、适应能力三方面设计了包含13个指标的指标体系，并以此对济南和青岛的产业竞争力进行了比较。

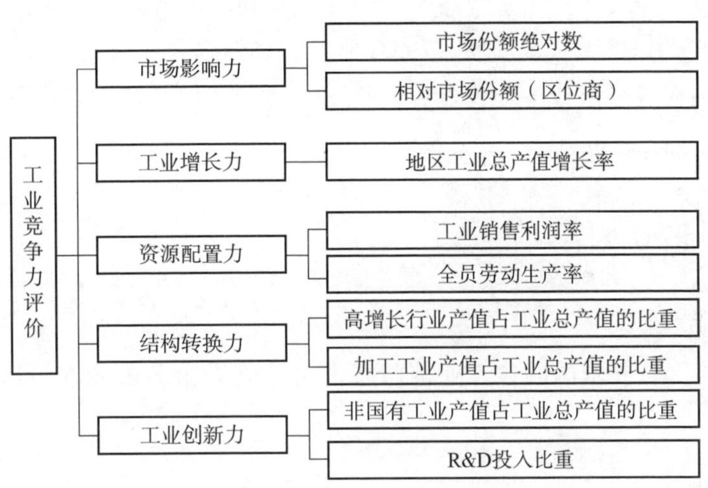

图4－2－1　工业竞争力评价体系

目前，产业竞争力评价体系存在着一些不足：评价指标选择随意性较大；有些指标选择过多、过于烦琐；有些指标选择又过于单一，难以反映整个地区产业竞争力的真实情况，因此，产业竞争力评价体系的构建，应结合地区产业属性和特点，选择合适数量的又具代表性的指标，使指标体系既具有可操作性，又能够反映产业的全面信息。

4.2.3　偏离—份额分析法

“Shift—Share Analysis”称为偏离—份额分析法，又称双S分析方法，该方法由美国学者Dunn和Perloff等提出，在国外区域与城市经济结构分析中得到了应用广泛。它不仅可以评价一个区域或城市产业的增长和竞争优势，而且还可以确定未来产业发展的主导方向（崔功豪等，1999）。

1. 基本原理

偏离—份额分析法是把一个区域或城市的经济变化看作一个动态过程，以其所在区域或整个国家的经济发展作为参照系，将区域或城市自身经济总量在某一个时期的变动 G 分解为份额分量 N 和偏离分量 S，偏离分量 S 由结构偏离分量 P 和竞争力偏离分量 D 组成，以此来说明区域或城市经济发展或衰退的原因，评价区域或城市具有相对竞争优势的产业部门，进而确定城市未来发展及产业结构调整的合理方向。其表达方式为：

$$G = N + S = N + P + D$$

2. 数学模型（陈伟等，2005）

选取产业发展的参照系和产业分析的时间段 t，假设某区域（或城市）i 在经历了时间［0，t］后，其产业经济总量和结构均发生了变化。

设 b_i 为该区域（或城市）i 的工业产值，B 为大区域或全国（即参照系）的工业总值，b_{ij} 为区域（或城市）i 工业部门 j 的产值，下标 0，t 则表示初始期和末期情况，$r_{ij} = \frac{b_{ij,t} - b_{ij,0}}{b_{ij,0}}$ 则表示区域（或城市）i 工业部门 j 在［0，t］内的时段的变化率为：$j = 1, 2, \cdots, n$，大区域或全国工业部门 j 在［0，t］的时段变化率为：

$$R_j = \frac{B_{j,t} - B_{ij,0}}{B_{j,0}} \quad (j = 1, 2, \cdots, n)$$

以大区域或全国的各工业部门所占份额将城市各工业部门规模标准化为：

$$b'_{ij} = b_{i,0} \times \frac{B_{j,0}}{B_0}$$

由此可知，在［0，t］的时段内区域（或城市），i 工业部门 j 的增长量 G_{ij} 为：

$$G_{ij} = N_{ij} + P_{ij} + D_{ij}$$

$$N_{ij} = b'_{ij} \cdot R_j$$

$$S_{ij} = P_{ij} + D_{ij}$$

$$P_{ij} = (b_{ij,0} - b'_{ij}) \cdot R_j$$

$$D_{ij} = b_{ij,0} \cdot (r_{ij} - R_{ij})$$

$$G_{ij} = b_{ij,t} - b_{ij,0}$$

式中，R_j 为工业部门变化率；S_{ij} 为偏离分量；N_{ij} 为份额分量（或全国平均增长效应），是指 j 部门的全国（或所在大区）总量按比例分配，区域 i 的

j 部门规模发生的变化，即区域标准化的产业部门如按全国或所在大区域的平均增长发展所产生的变化量；P_{ij} 为结构偏离分量（或产业结构效应），是指区域部门比重与全国（或所在大区）相应部门比重的差异引起的区域 i 的 j 部门增长相对于全国或所在大区标准所产生的偏差。它是排除了区域增长速度与全国或所在区域的平均速度差异，在假定两者等同的情况下，单独分析了产业部门结构对增长的影响和贡献，若此值越大，则说明部门结构对经济总量增长的贡献越大；D_{ij} 被称为区域竞争力偏离分量（或区域份额效果），是指区域 i 的 j 部门增长速度与全国或所在大区相应部门增长速度的差别引起的偏差，反映区域 j 部门相对竞争能力，若此值越大，则说明区域 j 部门竞争力对经济增长的作用越大。

3. 计算过程和结果分析

（1）确定产业分析的时间范围以及产业参照系。偏离—份额分析法首先要确定 t 值，即确定在哪一个时间段上考虑区域产业经济的变化，一般 t 值取值为5或10。产业参照系的选择需要考察研究区域的产业规模及地位，以此确定选择哪一级区域作为背景和参照系来分析区域经济结构的变化。一般来讲，研究区域在哪一级较大区域有重要地位，就选择哪一级的区域为产业参照系。通常，选择的产业参照系是省或全国，也可以是一个经济协作区等。

（2）划分产业部门，建立偏离—份额分析表（表4-2-1）。根据所研究问题的性质和深度要求，考虑统计资料的可能性，按照某种分类体系，把区域经济划分为若干（n）个完备的部门，然后收集数据，建立偏离—份额分析表（或分析矩阵）。

偏离—份额分析表主要由三个部分组成：

原始数据：$b_{ij,t}$，$b_{ij,0}$，$B_{j,t}B$，$B_{j,0}$；

中间结果：r_{ij}，R_j，b'_{ij}，$b_{ij,0}-b'_{ij}$，$r_{ij}-R_{ij}$；

最后数据：G_{ij}，N_{ij}，P_{ij}，D_{ij}，S_{ij}，其中 $S_{ij}=P_{ij}+D_{ij}$。

表4-2-1　偏离—份额产业结构分析表

序号	产品类型	$b_{ij,0}$	$b_{ij,t}$	b'_{ij}	$b_{ij,0}-b'_{ij}$	r_{ij}	R_j	$r_{ij}-R_{ij}$	G_{ij}	N_{ij}	P_{ij}	D_{ij}	S_{ij}
1													
2													
…													
n													

（3）绘制偏离—份额分析图并分析。将产业部门进行比较分类，根据分析表计算数据并绘制偏离—份额分析图，可以使结论更加清晰直观，以明确各产业部门属于何种产业类型。

偏离—份额分析图由两条倾斜度为45°的等分线，把坐标系分为八个扇面，然后标出区域产业各部门所在的位置。根据所在扇面，将坐标系划分为几种类型，判断区域总体结构及竞争力的强弱，确定哪些是具有竞争力的优势部门；同时，还可以用分析图对各区域进行比较，识别各区域结构的优劣与竞争力的高低。

如图4－2－2所示，以区域部门优势 S 为横坐标，以份额分量 N 为纵坐标，将平面划分为八个扇面，这些扇面反映了在总增量、部门增长优势方面不同的几种类型。N 表示研究区域产业在参照系内所具有的份额大小，若坐标值越在上面，则表示在参照系内的份额越大，在参照系内就可能具有一定行业地位；S 为增长分量，表示的是与参照系比较的增长速度，若坐标值越在右边，则表示的增长速度越强。一般看来，所占份额大、增长优势明显的产业是未来区域可能重点发展的产业，一般落在第一、第二扇面，增长处于劣势的一般落在第四、第五扇面。

如图4－2－3所示，以竞争偏离分量 D 为横坐标，以结构偏离分量 P 为纵坐标，建立坐标系，并将平面划分为八个扇面。在部门偏离分量分析图中，可以分析产业的竞争优势。P 为基础分量，表示的是在研究的时间范围内该产业在参照系内的产业基础，若坐标值越在上边，则表示该制造业在参照系内的产业基础越好；D 表示竞争分量，表示的是与参照系内比较产业所具有的竞争力优势大小，坐标值越向右，则其产业所具有的竞争力越强。一般看来，基础好竞争力强的产业是该区域未来重点的产业，一般落在第一、第二扇面，较差的产业落在第七、第八扇面。

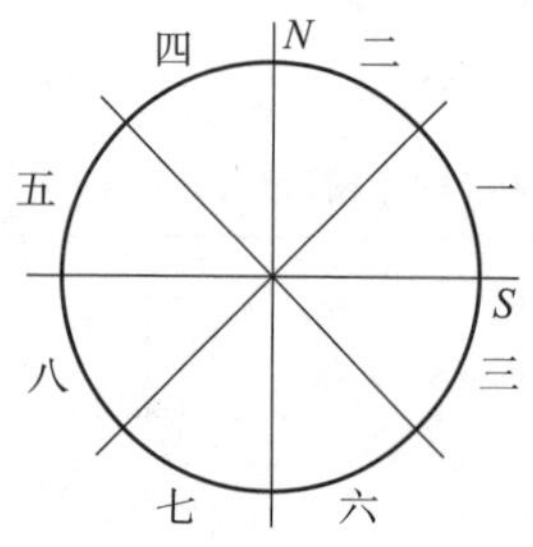

图4－2－2　部门优势（增长优势）分析

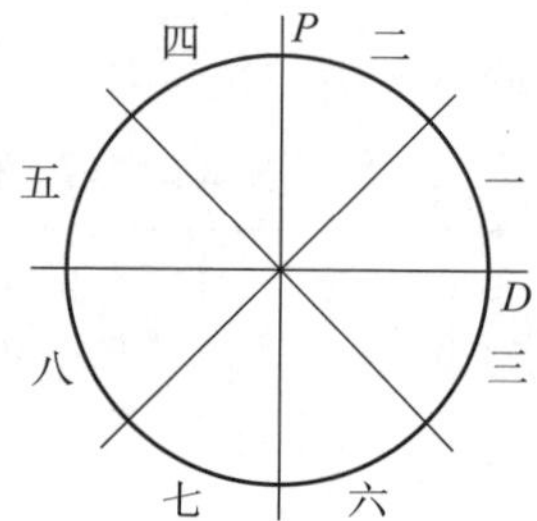

图4－2－3　部门偏离分量（竞争优势）分析

4.3　产业集中和集聚的测度方法

产业的地理集中度或产业集聚分析，主要方法有市场集中率、洛伦兹曲线和基尼系数、*HHI* 指数（赫希曼—赫芬达尔指数）、熵指数等，20 世纪 80 年代以来，产业集聚现象越来越普遍，产业集聚再次成为研究热点，出现了许多新的产业集聚程度的测算方法，如 *EG* 指数、*MS* 指数、*K* 函数、*L* 函数、*D* 函数等（张华，2007）。

4.3.1　空间集中度

空间集中度（CR_m）是由行业集中度演变而来的，有时也称为市场集中度。行业集中度是指行业内规模最大的前几位企业的有关数值（可以是产值、产量、销售额、销售量、职工人数、资产总额等）之和占整个市场或行业的比重。行业集中度是产业组织理论中用来测量一个产业的市场集中程度的常用指标，反映的是市场的竞争和垄断关系。把行业集中度指标的思想用在空间上，就是指行业中规模最大的前几个区域（通常为 4、5 或 8）的有关数值之和占整个行业的比重，其称为空间集中度。

假设某一产业由 N 个企业组成，每个企业的就业（也可以是产值、产量、销售额、销售量等，本节以就业人数为例进行指标说明）占这个产业就业的比例为：z_1，z_2，…，z_N。假设划分为 M 个次级区域 x_1，x_2，…，x_m 代表每个区域的就业占总就业的比例。如果产业在区域 i 的就业占该产业总就业的比例表示为 s_i，那么该产业的空间集中度 CR_m 可以表示为：

$$CR_m = \sum_{i=1}^{m} s_i$$

式中，m 为所考察的按区域比重由大到小排序的区域数。

在测算制造业各产业的空间集聚程度时，可采用 CR_4 指标，即制造业各产业在全国各区域的分布中份额最大的前 4 个区域所占的份额之和。数值越大，表明产业分布越集中。

空间集中度指标的最大优点是所需数据容易取得，计算也相当简单，能够把产业的集中度指向具体的产业或具体地区，但是，不足之处在于它只反映了产业在 m 个最大份额区域的集聚状况，从一个侧面说明了产业的空间集聚程度，不能反映产业总体的空间分布，同时，由于没有考虑影响产业集中的因素，因此，当 m 的取值不同时，将得出不同的结论。假设两个产业在 4 个最大份额区域的比重相同，并不代表它们在 8 个甚至更多个最大份额区域的比重也相同，因此，在进行同一产业以及不同产业之间集聚状况的比较时，应选择相同的 m 值。

4.3.2 赫芬代尔指数和赫希曼—赫芬代尔指数

赫芬代尔（Herfindahl）指数是产业经济学中衡量市场结构的一个主要指标，是产业内所有企业市场份额的平方和，其计算公式可以表示为：

$$H = \sum_{i=1}^{N} z_i^2$$

赫芬代尔指数测算的是产业的市场集中，有时候也简单地叫作产业集中，它不考虑产业的空间分布，与产业的地理集中是有明显区别的。也有学者将其用于产业地理集中的研究，以表示产业在各区域的市场份额的平方和。

赫芬代尔指数具有以下两个特点：第一，当独家企业垄断时，该指数等于1；当所有企业规模相等时，该指数等于 $1/N$，所以这一指标在 $1/N \sim 1$ 变动。此数值越大，表明企业规模分布的不均匀程度越高。第二，赫芬代尔指数用平方和的形式统计，给予了规模较大的企业较大的权重，对大企业的市场份额反映比较敏感，而对众多小企业的市场份额小幅度变化的反映却很少。

如果所有经济活动都集中在一个区域，那么 $H = 1$ 最大；如果经济活动平均分布在各个区域，则 $H = 1/n$。这个系数实际上仅衡量了产业的空间分布，并没有与其他经济活动相比较，衡量的是产业绝对集中程度。为了衡量产业的相对集中程度，赫希曼改善了赫芬代尔系数，因此，该系数被称为赫希曼—赫芬代尔系数（Herschman—Herfindahl index，*HHI*）（贺灿飞，潘峰华，2007），其计算公式如下：

$$HHI = \sum_{i=1}^{N} (X_i/X)^2$$

式中，N 为市场中的企业总量，X_i 为第 i 位企业的市场份额，X 为市场总份额。如果某产业的就业或产值的空间分布与总体经济活动是一致的，那么 *HHI* 值为零。

HHI 的优点：由于“平方和”计算具有放大性，因此，*HHI* 指数对上位企业的市场份额比重的变化反应特别敏感，能真实地反应市场中企业之间规模上的差异大小。

HHI 的缺点：需要收集到该市场上所有企业的市场份额信息才能计算 *HHI* 指数，成本较高。

4.3.3　区位基尼系数

区位基尼系数（也叫空间基尼系数）是传统的衡量经济活动地理集中最为常用的方法，在研究中得到了比较广泛的应用。Amiti（1999）计算了欧盟 10 国的三位数水平的 27 个行业的区位基尼系数以及 5 国 65 个产业的区位基尼系数，以检验欧盟国家在 1968—1990 年的工业是否更加集中。南京大学梁琦教授利用区位基尼系数的方法计算了我国工业的 24 个行业在 1994 年、1996 年和 2000 年的区位基尼系数以及我国制造业三位数分类的 171 个行业在 2001 年的区位基尼系数，同时，还计算了这些行业的主要分布区域（梁琦，2004）。

基尼系数是意大利经济学家科拉多·基尼依据洛伦兹（M. Lorenz）曲线，提出的计算收入分配公平程度的统计指标。洛伦兹在研究居民收入分配时，发现将居民家庭户数累计百分比与居民收入累计百分比联系起来，可以揭示收入分配的均衡性。后来这种方法被大家普遍接受，并将这种揭示社会分配平均程度的曲线称为洛伦兹曲线。虽然洛伦兹曲线利用图示方法直观形象地反映了收入分配的均衡程度，但不能达到精确测量的要求。为此，基尼依据洛伦兹曲线，提出基尼系数的计算方法。基尼系数最初用于度量国家或区域之间收入不平等的相对程度。1986 年，Keeble 等将洛伦兹曲线和基尼系数用于度量某产业在地区间分布的集中程度，发展成区位基尼系数。

区位基尼系数有多种计算方法，应先画出洛伦兹曲线，然后，再推导出区位基尼系数的计算公式。两类对应变量值的累计百分比构成一个边长为 1 的正方形，一类是区域 i 的就业占总就业的比例 x_i，另一类是产业在区域 i 的就业占该产业总就业的比例 s_i。按照它们的比值，s_i/x_i 从小到大排序，以 x_i 为横轴，s_i 为纵轴，相应的两个累积百分比之间的关系构成的区位洛伦兹曲线如图 4－3－1 所示。

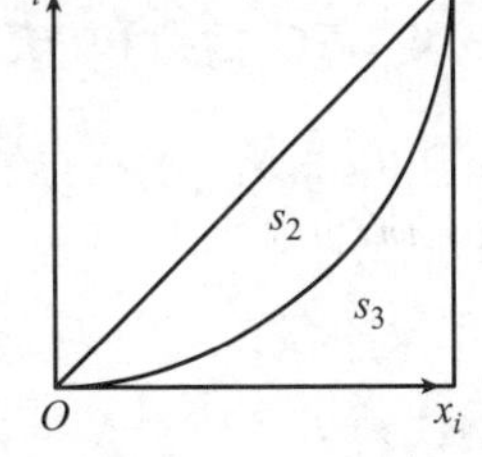

图 4－3－1　洛伦兹曲线

在图 4－3－1 中，区位基尼系数定义为：

$$GN = \frac{s_A}{s_A + s_B}$$

如果洛伦兹曲线正好是正方形的对角线，那么区位基尼系数等于 0，说明产业的空间分布与整个产业经济活动的空间分布是完全匹配的。洛伦兹曲线一般表现为一条下凸的曲线，下凸的程度越小，区位基尼系数就越接近于0；反之，下凸的程度越大，区位基尼系数越接近于1，产业分布越不均衡，因此，如果产业的区位基尼系数越大，那么说明该产业的集聚程度越高。

区位基尼系数最后的计算公式可以表示为：

$$GN = \sum_{i=1}^{n-1} (Q_i M_{i+1} - Q_{i+1} M_i)$$

式中，Q_i 为某区域就业人数占全部区域总就业人数的累积百分比；M_i 为产业在某区域的就业人数占该产业总就业人数的累积百分比。

基尼系数的取值范围为0～1。数值越大，则表明某国或地区收入分配越不平均。国际上通常认为，基尼系数在0.20以下表示绝对平均，0.20～0.30表示比较平均，0.30～0.40则比较合理，0.40～0.50为差距过大，0.50以上为高度不平均。区位基尼系数的取值范围也为0～1。区位基尼系数的增加，意味着行业空间集中程度的增强（张同升等，2005）。

区位基尼系数将次级地理单元就业人数与整个区域的就业人数之比作为变量纳入公式，实质上是考虑了面积大小对产业集聚程度测算的影响。区位基尼系数将全部产业的地理分布作为比较基准，使不同产业的计算结果具有可比性，因此得到了广泛应用，但是该方法并非源于区位选择的理论模型，也没有考虑企业规模的影响，而且没有区分随机集中和源于外部性或自然优势的集中，即没有区分一个企业的内部规模经济引起的产业集中和独立的不同企业相互靠近的外部经济形成的产业集聚（刘春霞，2006）。Ellison 和 Glaeser，还有 Mauler 和 Sedillot 分别提出的 *EG* 指数、*MS* 指数弥补了上述不足。

4.3.4 *EG* 指数和 *MS* 指数

Ellison 和 Glaese 在 1997 年第 5 期的《政治经济学期刊》中发表了《美国制造业的地理集中》，文中提出区位基尼系数较大并不一定表明有集聚现象的存在，因为它没有考虑到企业的规模差异（Ellison 等，1997）。如果一个产业是由分散的少数几家大企业组成的，那么这个产业的区位基尼系数会比较大，但实际上并无明显的集聚现象出现，这个比较大的区位基尼系数是由产业组织特征所决定的，并不是由企业间相互靠近导致的。正如 Ellison 和 Glaeser 所言："投出去三个飞镖，镖靶上大多数地方会没有飞镖。"基尼系数不能将源于外部性或自然优势的集中和产业组织结构导致的集中很好地区分开来。利用空间基尼系数来比较不同产业的集聚程度时，将由于各产业中的企业规模特征或地理区域大小的差异而形成产业间比较上的误差。空间基尼系数没有考虑到具体的产业组织状况及区域差异，因此在表示产业集聚程度时往往含有虚假的成分。

为了解决这个问题，Ellison 和 Glaeser（1997）提出了一个集聚指数的计算方法（*EG* 指数）。其假设前提是他们二人提出的企业区位选择模型，即如果企业间的区位选择是相互依赖的，那么企业将趋向具有特殊自然优势或能够从行业内其他企业获得溢出效应的地区集中。类似于空间基尼系数，*EG* 指数也是通过与全部产业的比较来分析某产业的地理分布。Ellison 和 Glaeser 定义了一个总体地理集中度指数 G，其公式为：

$$G = \sum_i (s_i - x_i)^2$$

式中，各指标的意义与前文所述相同（下同）。

Ellison 和 Glaeser 进一步推导出衡量产业集聚程度的 *EG* 指数，用 γ 表示：

$$\gamma_{EG} = \frac{\sum_i (s_i - x_i)^2/(1 - \sum_i x_i^2) - H}{1 - H}$$

EG 指数最大的意义在于区分了随机集中和企业间由于共享外部性或自然优势的集中，比空间基尼系数的地理意义更明确，但该方法对其中的 H 并没有给出合理的解释。随后，Maurel 和 Sedillot（1999）以 *EG* 指数为参考，提出了一个相似的计算方法（*MS* 指数）。他们从某产业任意两个企业选择在同一个区域的概率 p 的推算入手，假设产业在区域 i 的就业比例 x_i 可以表示为：

$$s_i = \sum_{j=1}^{n} z_j u_{ji}$$

MS 指数为：

$$\gamma_{MS} = \frac{(\sum_i s_i^2 - \sum_i x_i^2)/(1 - \sum_i x_i^2) - H}{1 - H}$$

从形式上看，*MS* 指数与 *EG* 指数之间的区别在于对总体地理集中度指数（G）的定义不同。实质上，*MS* 指数直接源于概率选择模型，因此，其比 *EG* 指数更有解释力。虽然 *MS* 指数是从一个更简单的区位概率选择模型推导出来的，但是由于 *EG* 指数和 *MS* 指数都是对参数 γ 的无偏估计，可以被解释为超出产业集中之外的地理集中部分，因此，可以被用来测算在控制了企业规模之后的产业空间集聚状况。

为了便于国际比较，可沿用 Maurel 和 Sedillot，以及 Ellison 和 Glaeser 提出的产业集聚分类方法，即 $0 < MS(EG) < 0.02$，为低集聚水平；$0.02 <$

$MS(EG) < 0.05$，为中等集聚水平；$MS(EG) > 0.05$ 为高集聚水平。

EG 指数和 *MS* 指数的地理意义比较容易解释，如果企业间是独立随机分布的，参数 γ 的期望值为零。如果某产业的 γ 值大于零，那么说明该产业的地理分布趋向集中，值越大，则集中度越高，产业集聚程度越大。*EG* 指数和 *MS* 指数都将企业的规模分布即前文所述的 Herfindahl 指数作为影响参数之一，避免了"因某产业的就业人数集中在少数相关性小的大型企业而得出该产业的生产具有地方化特点"的片面结论，充分考虑了企业规模及区域差异带来的影响，弥补了空间基尼系数的缺陷，能够进行跨产业、跨时间甚至跨国的比较，因此，自 Ellison 和 Glaeser，以及 Maurel 和 Sedillot 提出了产业集聚程度的测算方法，并据此分别对美国和法国的产业集聚进行了实证研究后，*EG* 指数和 *MS* 指数在国际上得到了广泛应用。Ellison 和 Glaeser（1997），以及 Rosenthal 和 Strange（2001）先后将这两个指数用于美国州级地理单元的制造业产业的空间集聚程度的测算；Henderson（2003）利用 *EG* 指数分析了美国 317 个都市区 742 个县的三位数机械产业和高新技术产业的地理集中情况。之后，*EG* 指数又被学者分别用在对瑞典、西班牙、英国、爱尔兰和葡萄牙等国的实证研究中。

在实证研究中，*MS* 指数与 *EG* 指数之间也存在一定的区别。它们对要研究的产业就业和总的产业就业之间的差异的重视程度不同。如果某区域某产业的就业占该区域就业的比例大于该区域就业占总就业的比例，那么这个区域对该产业的 *MS* 指数的贡献是正的，否则就是负的。更重要的是，在该区域对该产业的 *MS* 指数的贡献是正的时候，如果该区域就业占总就业的比例较大，那么该区域对该产业的 *MS* 指数的贡献也较大；如果该区域就业占总就业的比例较小，那么该区域对该产业的 *MS* 指数的贡献也较小。

因此如果产业位于工业化程度较高，即 x_i 较大的区域，那么该产业的 *MS* 指数会较大，反之亦然，但是，*EG* 指数没有考虑该区域该产业的就业占该区域就业的比例与该区域就业占总就业的比例之间差异的方向性，不论两者谁大谁小，对 *EG* 指数的贡献都是正的。如果该区域该产业的就业占该区域就业的比例大于该区域就业占总就业的比例，那么该区域对该产业的 *EG* 指数的贡献要比对 *MS* 指数的贡献小。*MS* 指数与 *EG* 指数之间的差异使 *MS* 指数更适合用来测算产业集聚程度，因为 *MS* 指数对工业化程度较高的区域内企业的空间分布更敏感，而对产业集聚的研究更注重的正是产业经济活动密度较大的区域。

4.3.5 基于距离的多空间尺度方法

从赫芬代尔指数到空间基尼系数再到 *EG* 指数、*MS* 指数，产业集聚程度的测度方法有了很大进展，但这些方法只能衡量单一尺度地理单元（省级、地区级、国家级等）经济活动的空间分布情况。若要详细描述经济活动的地理分布，则需要同时反映其在不同空间尺度地理单元上的分布特征，而不是受制于人为或已有的行政单元划分。基于距离的多空间尺度方法解决了这一难题，特别是从 20 世纪 90 年代后期以来，这种方法备受关注。

基于距离的多空间尺度方法实质是将区域内的企业视为点，然后通过分析这些点的分布状态来了解区域产业的分布情况。这类方法源于 Ripley 于 1976 年提出的 *K* 函数。之后，Besag、Diggle、Marcon 等在此基础上加以修正，发展成 *L* 函数、*D* 函数、*M* 函数，使之逐渐完善。基于距离的多空间尺度方法有很多优点：

第一，它不受地理空间尺度的限制，可以同时解释不同范围内经济活动的空间分布；不受行政单元的限制，可以更加精确地描述经济活动的空间结构。

第二，基于距离的多空间尺度方法可以揭示某类经济活动在哪个范围内显著集中或分散。例如，它可以说明某行业在 10 千米内是明显集中的，而传统方法只能揭示在某个空间尺度上（如省级）经济活动是集中还是分散的，集中度的大小则依赖于区域划分的规模尺度。

但是，基于距离的多空间尺度方法对数据的质量要求很高，不仅需要每一个企业的统计指标，还需要知道每个企业的空间分布数据并且一一表现在地图上，因此，基于距离的多空间尺度方法虽然精确，但其存在数据难以获得、处理难度大、工作量大、速度慢等实际应用的困难。很多情况下，获取的数据质量还达不到这些要求，因此本书中不再对 *K* 函数、*L* 函数、*D* 函数、*M* 函数等作更详细地介绍。除此之外，信息熵、锡尔系数、地理联系系数（Coeffcient of Geographical Association）、联系指数（Index of Connectivity）等方法也是较多采用的分析方法。

4.4 产业规划模型

产业规划模型是指将所要研究的产业发展和布局问题用抽象的、简洁的数学语言表达出来，并进行理论分析与预测的方法，主要分为经济基础模型、投入产出模型和线性规划模型等。

4.4.1 经济基础模型

经济基础理论是分析区域经济增长与结构变化最简单、最概括的抽象框架，其含义是：任何区域内的经济活动都可根据产品销售市场分为基础部门和非基础部门两大类。基础部门的产品或劳务主要是面向区外市场的，也称输出部门；非基础部门是面向区内市场的生产与服务活动，也称服务部门。

基础产业影响并决定着地区的总体发展，而非基础产业只是总体发展的条件与结果。两者之间存在一种稳定的关系。

经济基础模型是根据经济基础理论建立的一种简单的区域经济分析与预测模型。其依据是基础部门的发展能带动区域经济的全盘发展，两者之间存在一种线性关系，用数学模型表示为：

$$Y = k X$$

式中，Y 为区域总值；X 为基础部门产值；k 为经济乘数。

计算 k 值的方法有 $k = 1/(1-c)$ 等，其中，c 为区内本地产品的消费倾向。

利用以上公式可以预测产业变化对区域经济产生的乘数影响。经济基础模型的优点是结构简单，所需数据较少，建模所需时间较短、费用较低，分析和理解起来较容易，但在实际应用过程中，这种模型也存在某些不易解决的概念问题与技术问题，如如何区别基础部门与非基础部门、本地产品的消费倾向的变化度量、如何选定适当的衡量当地经济发展水平的标准等。经济基础模型用于短期（5 年左右）区域经济分析与预测效果较好。在建模过程中，通常用就业量来衡量区域发展水平的度量单位，其优点是统计资料容易获取，便于对各行业进行比较，并且就业规划也是区域经济研究的一个重要组成部分。可能存在的问题是就业量反映不了劳动力实际创造价值的能力；就业量往往不能反映由于技术进步而引起的区域经济发展。

4.4.2 投入产出分析法

投入产出分析法是由美国经济学家瓦西里·列昂惕夫（Wassily Leontief）于 20 世纪 30 年代研究并创立的。投入产出分析（Input—Output Analysis）是研究经济系统各个部门间表现为投入与产出的相互依存关系的经济数量分析方法。投入产出分析从一般均衡理论中吸收了有关经济活动的相互依存性的观点，并用代数联立方程体系来描述这种相互依存关系。它从宏观经济的角度出发，把国民经济划分为若干不同但又互有联系的产品群或产品部门，通过编制投入产出表及其数学模型来模拟社会再生产过程和国民经济结构，并以此综合分析各部门之间的生产技术联系，再进行经济分析和预测，是进行经济综合分析的有力工具。

投入产出模型有两个特点：一是包含了根据投入产出表中反映的经济内容或平衡关系利用线性代数方法建立的方程组，二是包含了根据投入产出表所计算出的一系列投入产出系数。其分析方法的特点是在考察部门间错综复杂的投入产出关系时，能够发现任何局部的最初变化对经济体系各个部分的影响。目前，投入产出分析已经拓展到经济研究领域的各个方面，其作用表现在以下 4 方面：①为编制经济计划（特别是编制中、长期计划）提供依据；②分析产业经济结构，进行经济预测；③研究经济政策对经济生活的影响；④研究某些专门的社会问题，如污染、人口、就业以及收入分配等问题。

（1）投入产出一般模型为：

$$\sum_{j=1}^{n} a_{ij}X_j + Y_i = X_i,\ i = 1,2,\cdots,n$$

转换为行列表达式为：

$$\boldsymbol{X} = [\boldsymbol{I}—\boldsymbol{A}]^{-1}\boldsymbol{Y}$$

式中，$\boldsymbol{X}$ 为总产值列向量；$\boldsymbol{I}$ 为单位矩阵；$\boldsymbol{A}$ 为直接消耗系数矩阵；$\boldsymbol{Y}$ 为最终产品列向量。

（2）常用的投入产出模型表达式为：

$$a_{ij} = \frac{x_{ij}}{X_j},\ r_{ij} = \begin{bmatrix} 1-a_{11} & -a_{12} & \cdots & -a_{1n} \\ -a_{21} & 1-a_{22} & \cdots & -a_{2n} \\ \vdots & \vdots & \ddots & \vdots \\ -a_{n1} & -a_{n2} & \cdots & 1-a_{nn} \end{bmatrix}$$

用行列式表示则为：

$$\boldsymbol{R} = [\boldsymbol{I}—\boldsymbol{A}]^{-1}$$

假设 x_{ij} 为各产业部门所需原材料投入额，x_i 为 j 产业部门国内生产额，a_{ij} 为投入系数（也称直接消耗系数），指 j 产业部门单位总产出所直接消耗的来自 i 产业部门的投入额。$\boldsymbol{A}$ 为投入系数矩阵，r_{ij} 为列昂惕夫系数（也称完全消耗系数）；$\boldsymbol{R}$ 为逆系数矩阵（投入系数的逆矩阵，又称为列昂惕夫逆矩阵）。前面分析中提到的产业影响力系数和感应度系数都是来自投入产出表的重要系数。这仅是一个常用的简单的投入产出模型表达式，根据研究的需要，还会演化出许多投入产出模型。

(3) 投入占用产出表（表4－4－1，陈锡康，1992）。“投入”是指各个部门在产品生产过程中所消耗的原材料、辅助材料、燃料动力、固定资产（厂房、设备等）折旧和劳动力等，包括中间投入、外购资源、社会劳动力投入。中间投入即中间产品的物质消耗（以下简称“物耗”），外购资源是非中间产品的物耗；社会劳动力投入即工资、税收。“产出”是指各个部门生产的产品以及其被分配使用于生产消费和生活消费，积累和出口等各个去向，包括中间产品和最终产品。中间产品即继续投入生产过程的产品，最终产品即推出生产过程的产品。

表4－4－1　投入占用产出表

部分	项目		中间使用	最终使用	总产出与总占用
投入部分	中间投入				
	最初投入	劳动力报酬折旧利税等			
	总投入				
占用部分	资金	固定资产库存金融资产			
	劳动力				
	自然资源				
	其他				

在分析过程中，投入产出分析法还会经常与后面的分析所提到的线性规划模型一起使用。一般来讲，在研究产业结构优化和产业发展问题上，往往是在产业调查和评价的基础上采用运筹学上优化数学模型（如线性规划、非线性规划、多目标规划等）建立产业结构的优化模型，然后，再通过对优化模型的求解寻求产业结构调整优化的最佳决策。从表面上看，该研究方法是科学合理的，但是该研究过程却容易忽视产业结构各个部门或产业之间的相互联系。为了弥补该不足，可以将产业结构的优化建模过程与产业各个部门或产业之间的相互联系分析结合起来，即将构建产业结构优化模型和产业各个部门的投入产出分析结合起来，因此，在产业结构优化分析时还会经常用到投入产出分析与线性规划模型。

4.4.3　线性规划模型

线性规划主要可解决两类问题，即资源在空间上的最优分配和最优利用问题。线性规划模型由两部分构成，即目标函数与约束条件。

一般线性规划模型可表示为：

目标函数：$\max(\min)z = \sum_{j=1}^{n} c_j x_j$

约束条件：$\sum_{j=1}^{n} A_{ij} x_j \leqslant (=, \geqslant) B_i (i = 1,2,\cdots,m)$

$$x_j > 0 \quad (j = 1, 2, \cdots, n)$$

以上两式中的目标函数和约束条件，共同组成了一个模型。其含义为有 n 种经济活动。它们共同利用 m 种有限的资源 $B_i(i=1, 2, \cdots, m)$；每单位 j 活动需占用或消费 i 资源的量为 A_{ij}；每单位 j 活动的产出（或成本）为 c_j；x_j 表示经济活动水平，模型的求解变量为 X_j。

线性规划模型体现了效益原则，在产业布局效益分析中有着较为广泛的用途，可用于研究资源最优利用与分配、工农业最优布局、交通运输最优布局、资源开发利用的最佳规模等。该模型有较多优点，如模型具体形式有较大的灵活性、形式简单、易于理解、有通用的解法等。其局限性为不能研究非线性问题、多目标问题和动态问题等。

研究产业布局，除上述模型外，常用的还有经济计量模型、灰色线性规划模型、多目标规划模型、非线性规划模型、动态规划模型、整数规划模型、模糊规划模型和离散规划模型等。同样，这些模型各有其优势与不足，在产业布局研究中，应将这些模型结合使用，以实现优势互补。

4.5　主导产业选择与确定传统方法

以赫希曼为代表的不均衡增长论者和罗斯托等学者提出，区域发展受制于资金、人才等资源限制，往往不能平衡地发展所有产业，而是集中有限资源发展一些重点产业，区域经济的增长必然依赖于一些主导产业部门。主导产业的理念提出后，得到理论和实践界的高度认同，并衍生出如需求—收入弹性法、劳动生产率指数、产业效益指数、区位商、产业联动指数等众多筛选主导产业的理论工具和指标，但是，根据区域特点和研究对象选择合适的分析方法，才是正确选择主导产业的关键。

4.5.1　主导产业选择原则和基准

主导产业的特征和作用可以通过选择基准来体现，在产业经济理论史上，许多学者提出了界定和选择主导产业的基准，其中较为著名的有罗斯托基准、筱原两基准、赫希曼的产业关联基准等。

罗斯托基准是指罗斯托在《主导部门和起飞》中提出的产业扩散效应理论和主导产业的选择基准，其含义是选择具有扩散效应（回顾、旁侧、前瞻）的部门作为主导产业部门，将主导产业的产业优势辐射传递到产业链的各个产业中，以带动和促进区域经济的全面发展。日本经济学家筱原三代平提出了选择主导产业的两条基准，即“收入弹性基准”和“性产率上升基准”。收入弹性基准是按照收入弹性大小来选择主导产业的；而生产力上升基准是按照技术进步快慢、技术要素密集大小和经济效益好坏基准选择主导产业。筱原两基准曾经是 20 世纪 60 年代甚至 20 世纪 70 年代日本政府制定产业政策的依据。赫希曼的产业关联基准认为，发展政策的目标应挑选和集中力量发展那些在技术上相互依赖、产业关联效应强烈的“战略部门”，这种产业关联是前向联系和后向联系的有机结合（魏后凯，2007）。

总体上看，这些基准主要是从产业结构演化规律、主导产业的特点以及本地区瓶颈因素等角度来考虑的，而且这些基准在不同的社会经济历史条件下有不同的侧重。区域主导产业的选择，有学者提出七个选择原则，即比较优势原则、综合效益原则、市场需求原则、技术进步原则、产业关联原则、资源有效配置原则、外贸原则（吴殿廷，2004）。陆大道院士指出一个部门要成为地区经济发展的主导产业，必须同时具备四个条件：①有较高专业化水平，一般要求区位商值在 2 以上，该产业的生产主要为区外服务；②在地区生产中占有较大比重，一般要求该产业产值比重在 15% 以上，能对本地区经济发展产生重大影响；③与区内其他主要产业关联度高，二者之间的联系越广泛、越深刻，则越能通过乘数效应带动整个地区经济的发展；④能够代表区域产业的发展方向，富有生命力的产业。

4.5.2 主导产业选择的分析方法

1. 比较优势指数

主导产业的选择要先具备比较优势。比较优势指数一般分为比较集中率系数（区位商）和比较市场占有率系数。

比较集中率系数（区位商）表达式为：

$$CC = \frac{C_{ik}/C_i}{C_k/C}$$

式中，C_{ik}为 i 地区 k 产业的产值（或从业人员）；C_i为 i 地区所有产业的产值（或从业人员）；C_k为全国 k 产业的产值（或从业人员）；C 为全国所有产业总产值（或总从业人员）。

比较市场占有率系数表达式为：

$$CX = \frac{X_{ik}/X_i}{X_k/X}$$

式中，X_{ik}为i地区k产业的产品销售收入；X_i为i地区所有产业的产品销售收入；X_k为全国k产业的产品销售收入；X为全国所有产业的产品销售收入。

根据主导产业的特点和功能，主导产业应同时具备区内比较优势和区际比较优势，应用比较优势指数能够顺利地区分出各个产业的优势大小。比较优势指数用区位商表示，区位商是衡量区域专门化程度的基本指标，作为区主导产业，区位商应该大于1，而且越大越好。

2. 需求—收入弹性系数

产业的市场需求状况一般用需求—收入弹性系数表示。如果一个产业的需求弹性高，那么意味着其产品具有较大的市场潜力和市场发展机遇，是大批量生产和加速技术创新的先决条件，因此，只有那些需求弹性高的产业才有可能作为主导产业优先发展。某一个产业产品的需求弹性，用需求—收入弹性系数E表示，其表达式为：

$$E_i = \frac{\Delta Q_i/Q_i}{\Delta Y_I/Y_I}$$

式中，E_i为产业i的产业需求收入弹性；$\Delta Q_i/Q_i$为该产业产品的需求增长率；$\Delta Y_I/Y_I$为国民收入增长率。需求—收入弹性系数实质是使产业结构同经济发展和国民收入增加所引起的需求结构相适应。E的大小反映了某个产业产品的潜在市场份额的大小。E越大，则该产品的潜在市场容量就越大，市场发展的机遇和效益越好，发展速度越快，在国民经济增长中所占的份额也越大。该系数曾是筱原三代平为日本规划产业结构时提出的主导产业选择的两个标准之一。

3. 产业联动指数

一个产业与其他产业技术经济联系的密切程度，通常用产业的影响力系数和感应度系数来表示。一般利用投入产出逆阵系数表示定量计算产业之间的关联度。在各产业总产品与最终产品的矩阵关系式中，设：

$$\boldsymbol{R} = (1 - \boldsymbol{A})^{-1}$$

式中，$\boldsymbol{R}$被称为投入系数矩阵（又称为列昂惕夫逆矩阵）。

设r_{ij}是列昂惕夫逆矩阵$\boldsymbol{R}$中第i行第j列的元素，其经济学含义是j部门生产每单位最终产品时i部门的应有总产品量。产业关联包括产业感应度系数和产业影响力系数两个指标，它们都是投入产出表中的重要系数，均为反映产业间经济技术联系的指标。

（1）产业感应度系数。

其含义是其他产业对该产业的平均感应程度与各产业感应程度平均值的比值，表达公式为：

$$B_i = \frac{\sum_{j=1}^{n} r_{ij}/n}{\sum_{i=1}^{n}\sum_{j=1}^{n} r_{ij}/n}$$

（2）产业影响力系数。

产业影响力系数是指某一部门增加一个单位最终使用时，对国民经济各部门所产生的生产需求波及程度，其计算公式为：

$$F_i = \frac{\sum_{j=1}^{n} r_{ij}/n}{\sum_{j=1}^{n}\sum_{i=1}^{n} r_{ij}/n}$$

若某产业中的上述两个系数 B_i 和 F_i 值越大，则说明该产业在区域产业结构中的关联度越高，对区域经济发展和产业结构演变所起的作用也越大。根据这一基准，要求所选择的主导产业部门具有较强的带动性和推动性。当 $F_i>1$ 时，表示第 j 部门的生产对其他部门产生的波及影响程度超过各部门影响力的平均水平，反之亦然。影响力系数越大，则该部门发展对其他部门的拉动作用越大。

从产业结构分析来看，一般来讲，制造业和深加工工业具有较大的影响力系数，其中，电子产业、交通运输设备制造业和金属制品的影响力系数最大。基础产业、上游产业具有较高的感应度系数，化学工业和冶金工业具有最高的感应度系数，说明其他产业的发展需要较多地消耗这些部门的产品。对于地区经济发展来说，影响力系数大的产业比较容易带动其他相关产业的发展。

4. 技术进步指数

技术进步指数包括技术水平和技术进步率两种（魏后凯，2007）。

（1）产业技术水平指数。

产业技术水平指数表达式为：

$$A_i(t) = \frac{Y_i(t)}{(K_i^{\alpha_i}(t)L_i^{\beta_i}(t))}$$

式中，$Y_i(t)$ 为 i 产业第 t 年的总产值；$K_i(t)$ 为 i 产业第 t 年拥有的资金总额；$L_i(t)$ 为 i 产业第 t 年平均职工人数；α_i 为 i 产业资金产值弹性；β_i 为 i 产业劳动力产值弹性。

（2）技术进步率。

技术进步率表达式为：

$$\nu_i = (\ln A_i(t_n) - \ln A_i(t_0))/(t_n - t_0)$$

式中，$A_i(t_n)$ 为 i 产业第 t 年的技术水平；$A_i(t_0)$ 为 i 产业第 0 年的技术水平。

技术进步是区域经济增长的重要因素，是推动产业结构高级化和社会生产效率提高的主要动力。主导产业应该是拥有较高的技术水平、较快的技术进步率、技术进步对产值增长速度贡献较大的产业，因此，对产业的技术水平和技术进步率进行测算，能够为主导产业的选择基准提供依据。

5. 其他主导产业测算方法

主导产业选择还有经济效益测算法、产业规模指数、产业发展速度指数等其他测算方法。另外，随着可持续发展理论和科学发展观的深入，除考虑经济发展指标外，主导产业的选择还需要考虑可持续发展、社会和环境保护的需求。

所以未来主导产业选择标准还需要考虑区域可持续性、社会发展指标、公众参与评价或环境保护指标等标准的选取。由于这些指标有些难以量化和测算，因此，需要定性和定量分析结合的方法来确定主导产业。

4.6　产业集群辨识

产业集群规划研究方法中极为重要的就是产业集群的辨识。目前，关于产业集群辨识的方法很多，但主要偏重于理论，而且缺乏统一的标准。根据波特的定义，产业集群是一组在地理上接近的互相联系的公司和关联的机构，它们同处或相关于一个特定的产业领域，由于具有共性和互补性而联系在一起，因此，从这个定义可以得到集群辨识的三个基本要素，即地理边界、产业边界以及产业联系。由于产业集群的定义中对地理边界、产业边界以及集群中主体之间的联系都缺乏明确的界定标准，因此，确立操作性强指示性好的产业集群统计标准是比较困难的。

法国学者 Laine 根据给定职业区内具有相似活动的企业层面的数据来辨认地方生产系统制定了四个标准：

①企业数日：至少 5 家企业有同样活动，且在被辨认的就业区里，至少 3 家，至少有 5 个雇员。

②就业数目：至少有 100 位雇员与同一活动有关。

③密度标准：每平方千米厂商的密度至少两倍于法国的平均水平。

④专业化标准：LQ 系数必须大于 1。这些辨识产业集群的标准着重于那些易于量化的指标，如企业数、员工数、企业密度以及区位商等。

贺灿飞等（2005）总结了几种定量辨识产业集群的方法，包括区位商法、联系方法、多元统计方法和图片统计法等，但他们也认为，目前还没有一个完美的定量方法来辨识产业集群，因此，需要根据具体情况选择合适的方法。定量方法可以在比较宏观的层次判断一个区域或城市可能存在产业集群。

楚波等（2007）系统论述并评价了产业集群辨识中所运用的各种方法，定性方法包括了专家意见法、产业感知法和企业访谈法；定量分析方法，多以价值型表投入产出表（以下简称“I/O”表）为主要数据，有多元统计聚类法、主成分分析（Principal Component Analysis，PCA）法、克若曼斯科（Cza－Manski）法、共识集群（Consensus Clustering）法等。以下将介绍多元统计聚类法、主成分分析法、共识集群法（楚波等，2007）。

4.6.1　多元统计聚类法

多元统计聚类的基本思想就是基于一系列指标和特征变量，将样本进行分组，使组内样本趋同而组间样本趋异。利用此方法进行产业集群辨识的过程，一般可以分解为四个步骤：

①通过对 I/O 表的运算，获得投入产出技术系数矩阵——中间投入矩阵 $\boldsymbol{A}$、中间产出矩阵 $\boldsymbol{B}$，并由此生成最大关联矩阵 $\boldsymbol{E}$。

②选择多元统计聚类的算法，通常有等级聚类、K 聚类等。

③选择体现组间联系程度的方法，有最小距离法、最大距离法、欧氏距离法等。

④对最大关联矩阵 E 进行聚类运算，如果是 K 聚类的算法，则聚类结果即辨识结果；如果是等级聚类的算法，则需要进一步对生成的聚类树状图进行整理决定出阈值，从而得出集群。

研究表明，多元统计聚类所辨识出来的产业集群能够透视出产业间最重要的相互依存关系，然而，这种辨识方法的结果，一方面，使所有部门都会纳入某个集群，与集群内涵的以具有区域竞争力的出口性产业为主体、非全部门覆盖的理念相左；另一方面，部门在集群间的归属具有排他性，不符合区域经济发展的现实，因为某些产业部门（尤其是支撑性产业）往往隶属于多个集群。这些都限制了此方法在实际集群战略研究中的运用。

4.6.2　主成分分析法

西方学者很早就开始尝试利用 PCA 法对产业群进行研究，Feser 和

Bergnmn 对于利用 PCA 法进行区域产业集群的辨识作了系统总结，并详细描述了运算过程；贺灿飞等（2005）以北京为实证案例，沿用 Bergman（1996）等总结的辨识框架对北京制造业进行了集群分析，结果是比较理想的。此方法大致可以分为五个步骤进行：

①通过对 I/O 表的运算，获得中间投入矩阵 $\boldsymbol{A}$、中间产出矩阵 $\boldsymbol{B}$。

②根据矩阵 $\boldsymbol{A}$ 和 $\boldsymbol{B}$，通过计算相关系数，生成最大相似矩阵 $\boldsymbol{C}$。

③对矩阵 $\boldsymbol{C}$ 进行主成分分析运算，通常以特征值大于 1 为标准，提取主成分。原则上，提取的每个主成分应对应一个集群，但是，每个主成分对应的是涵盖所有部门的列向量（列向量中，各部门以在该主成分中因子载荷值从大到小排序），所以需要进一步处理。

④利用方差最大旋转法，使每个主成分内的因子载荷差异最大化。

⑤设定因子载荷门槛值，在每个主成分中，将超过门槛值对应的产业归入该产业集群，从而最终获得辨识结果。

PCA 法在集群辨识中运用相当普遍，虽然辨识结果大多数情况比较理想，但是从原理来看，它所得到的与其说是具有密切内部关联的产业集群，不如说是具有相似产销结构的产业组群。换言之，它虽然强调了互补性联系，但是对垂直联系则重视不足，而且不同主成分有主次之分。根据它们的解释率，第一主成分所对应的是整个产业的最大经济结构特征，故而在辨识结果中，第一主成分对应的集群包含了最多的产业部门，其后主成分对应集群包含部门个数依次减少。另外，此方法辨识出来的集群内部的各产业间联系紧密程度也相对较弱。

4.6.3　共识集群法

Sergi 和 Daniel（2000）通过大量实证，对比了主成分分析法和多元统计聚类法两类集群辨识的途径，发现两种方法生成的产业集群所具有的产业关联特征总是有不尽如人意之处，但又各有所长，因此，他们通过糅合两类辨识方法，创建了一种新的集群辨识手段，称为“共识集群法”。此方法可分为三个阶段进行：

①在用于运算分析的矩阵选择上，不囿限于最大相似矩阵 C（或最大关联矩阵 E），而是将中间投入矩阵 A、中间产出矩阵 E 等通通吸纳进来，以期获得不同层面的产业功能关联。

②对于所有纳入分析的矩阵，一方面利用主成分分析法运作，选择不同的因子载荷门槛值，获得一系列辨识结果；另一方面，利用多元统计聚类法分析，利用不同算法和阈值组合，得出一系列辨识结果。

③接着引入一个“产业对”的概念，在某一辨识方法中，进入同一集群的两个部门即为一“产业对”，然后，利用先前所得的若干组辨识结果，构造体现产业对信息的共识相似矩阵，进而进行多元聚类分析，最终获得各个共识产业群。

为了能更清楚地说明此方法，设定A、B、C、D、E、F六个产业部门，使用三种产业集群辨识方法进行分析（楚波等，2007），见表4－6－1。

表4－6－1　辨识结果分类表

产业部门	A	B	C	D	E	F
方法一	集群1	——	——	集群1	集群2	集群2
方法二	集群1	集群1	集群2	集群2	集群3	集群3
方法三	集群1	集群1	集群1	集群2	集群2	集群2

继而可构造出相应的用于共识集群分析的矩阵，见表4－6－2。

表4－6－2　共识相似矩阵

产业部门	A	B	C	D	E	F
A	0	2/3	1/3	1/3	0	0
B	1/3	0	0	0	0	0
C	1/3	1/3	1/3	1/3	0	0
D	1/3	0	1/3	0	1/3	1/3
E	0	0	0	1/3	0	3/3
F	0	0	0	1/3	3/3	0

最后，利用表4－6－2中的矩阵进行多元聚类分析，并获得树状图，确定一定阈值，就可以获得最终的共识集群结果。此方法将原来单独使用的各种集群辨识法整合起来，将它们所得结果都看成是对其他方法的补充；“产业对”的引入能够使产业间各个层面功能紧密连接的特质突显出来。Sergi和Daniel（2000）对加利福尼亚州的实证研究表明，共识集群方法辨识出来的产业集群结果是相当理想的。

第 5 章 基于绿色生态理念的产业规划设计

本章主要研究完整的城市产业规划理论体系是如何基于绿色生态理念在规划过程的层面对相关问题进行说明的。例如，城市产业规划由谁来制定，规划对象是什么，规划的模式又是什么样的？这些问题也在一定程度上决定了城市产业规划的有效性及合理性，因此，本章重点讨论城市产业规划的组织机制、规划模式及评估体系，即对我国城市产业规划系统进行简要设计的具体实践规范和流程。

5.1 产业规划的组织结构

产业规划是为区域产业发展服务的，其目的是更好地促进区域产业的健康、稳定、可持续发展，以提升区域整体福利水平。这其中涉及由谁来规划、为谁规划以及如何规划等方面。换言之，城市产业规划的实施主体、规划对象等组织机制是构建城市产业规划系统需要解决的首要问题。

5.1.1 城市产业规划的主体

政府、企业、家庭是构成社会经济体系的三个基本单元，是区域空间上客观存在的社会经济活动主体。它们具有不同分工，在社会经济生活中扮演不同角色。政府作为区域社会经济事务的管理者，在一定程度上把握着区域经济发展的方向，为区域产业发展提供市场环境和制度环境。企业是区域经济活动的主体，是区域经济运行的微观基础，是商品和服务的提供者。而家庭具有多重身份，既是劳动力的提供者，也是商品和服务的需求者，也是区域最终福利的代表。因此，政府、企业及家庭都是城市产业规划的相关参与者，只是它们在城市产业规划的编制和实施过程中所处的地位、承担的责任不同。

政府是城市产业规划的制定主体。虽然企业和家庭都是区域经济的主体，但是企业和家庭不能完成城市产业规划，因为城市产业规划的制定不仅是方案编制的技术过程，更是区域经济要素禀赋的配置及利益的分配与协调过程。城市产业规划要配置区域空间内的各种资源，规划的过程会涉及区域的土地利用、公共基础设施等公共影响和行政干预权力较大的领域，并且在编制城市产业规划方案的过程中，某些产业发展的基本信息及经济数据通过某一个企业或个人是无法获得的。无论是从人力、物力和财力的投入方面，还是在各方利益的协调方面，掌握行政权力的地方政府均具有一定的优势。一般而言，政府是城市产业规划的主持者，产业规划草案的编制与审核者，以及规划项目的实施者，并最终都是以仲裁者的身份进行决策。在本书中产业规划的政府主要是指省级或直辖市一级的区域政府。

企业是城市产业规划的最终实施主体。产业规划作为区域产业发展的蓝图，只有通过具体的规划项目才能把目标变为现实。政府可以通过产业组织政策、产业结构政策、产业布局政策及产业技术政策等工具来引导企业行为，而不能直接取代企业来进行产业活动。由于企业是构成产业的基本要素，区域产业发展是多个企业的生产经营活动共同作用的结果，因此，在区域产业发展的过程中，任何具体的规划项目最终都由经济活动的核心——企业来完成。以产业结构调整与升级的规划内容为例，政府部门通常采用税收优惠、财政补贴、低廉土地价格等方式吸引适应产业发展趋势、具有内涵性技术创新的企业对本区域进行投资，并且鼓励原有企业进行技术创新和产业升级，以提高产业竞争力、优化区域产业结构，但是投资决策、生产决策是企业自身的行为，城市产业规划是否对其产生影响、影响程度如何都依赖于企业对规划项目的落实程度。

家庭（公众）是城市产业规划的重要参与者。家庭的主体性地位主要体现在城市产业规划的编制和实施过程。一方面，城市产业规划的编制离不开公众的参与，城市产业规划越来越强调社会的全面参与，不仅要有专业人士的加入，更重要的是应体现不同利益群体的意见，事实上，在现代规划体系中不同利益群体参与规划的程度是衡量城市产业规划编制是否有效的一个指标。另一方面，在城市产业规划的实施过程中，家庭通过从事企业生产活动和自身的消费决策来影响市场绩效，进而影响城市产业发展的状态，是一种间接的参与过程。换言之，城市产业规划是一种社会行为，应当具有多元化的参与主体，并且能够反映不同利益群体的利益。

5.1.2 城市产业规划的客体

从广义上来说，与城市产业发展相关的所有事物都可作为城市产业规划的对象，但是，现实的城市产业规划不可能将所有的因素全部纳入规划体系中。如前文所述，城市产业规划是“在区域产业要素或资源的空间合理配置基础上，以区域产业内部均衡和外部协调发展为目的，对未来一定时间和空间范围内产业经济开发和布局的相关部署”。从上述定义中可以看出，城市产业规划的客体就是区域产业。一般而言，城市产业规划的客体主要是针对规划内容而划分的，主要包括土地、资金、劳动力、信息技术等生产要素以及第一、第二和第三产业及其之间的产业关联与数量比例关系。

具体而言，三次产业结构及产业内部结构是城市产业规划的对象之一。合理的产业结构是区域经济增长的前提，有利于充分利用区域资源，提高区域产业经济效益，对产业结构进行设计是城市产业规划的重要内容，主要回答发展何种类型产业，产业比例如何。产业布局是城市产业规划的另一个重要对象，其作用主要是解决产业在哪里发展、项目选点和生产分布等问题，包括第一产业规划布局、第二产业规划布局及第三产业规划布局。无论是产业结构还是产业布局，其实质上都是生产要素的配置问题。三次产业的结构调整是通过产业要素的流动和分配来实现的，对于重点发展的产业，城市产业规划的相关政策往往是引导要素禀赋流向这些产业，它是生产要素按部门配置。此外，区域产业生产力的空间布局也是要素配置在空间上的反映，资金、劳动力、信息技术向某个地点集中意味着这个区域的产业发展较快，具有产业集群或者组团式发展格局的可能性，即按地域空间配置生产要素，因此，从狭义上讲，城市产业规划的客体就是土地、资金、劳动力、信息技术等生产要素。

5.2　基于经济差异的城市产业规划模式

5.2.1　城市产业规划的一般方法

目前，城市产业规划编制工作没有一个统一严格的规范和通则，通常的做法是根据规划的目标和任务要求而进行。在长期的实践中，规划部门基本上都遵照了一定的范式，逐渐形成了城市产业规划的一般方法。对若干规划成果的梳理与分析可以发现，城市产业规划的一般方法大致可概括为几个部分，即环境分析、功能定位、发展战略及政策保障等。

环境分析是城市产业规划编制工作的第一步，可分为外部环境和内部环境的研究。外部环境是对区域产业发展产生持续影响或潜在影响的各种外部力量的总和，其中，最有影响的外部因素是国家或相关地区经济社会发展的宏观形势、世界范围内技术改革及产业发展趋势等对区域产业发展起重大推动作用的发展理念与模式、国家经济社会发展方面的重要战略研究及一些重大事件，如重大基础设施项目等。内部环境是区域产业发展所具备的基础条件和存在的不足之处，一般包括区位条件、资源禀赋、基础设施、历史文化、生产要素、技术创新、制度环境、服务体系、经济基础和居住环境等。功能定位是指在区域产业发展的环境分析基础上，进一步对区域产业发展的机遇和挑战、优势和制约因素进行深入的分析，从而确定规划区域的经济功能和产业发展方向，其实施路径为挖掘规划区域在上一级区域或国家经济功能定位中的地位和价值——探索规划区域所承载的经济功能和发展格局——制定规划期限内产业结构升级和发展目标。在上述两个部分的分析基础之上，区域产业发展战略要解决产业发展方向和目标实现的问题，即针对现状和发展条件提出区域产业发展的总体战略，包括对地区发展具有战略性影响的重点产业选择、区域产业结构优化和发展路径、重点项目的策划与布局安排等发展策略与产业政策的具体实施，它是城市产业规划工作的核心步骤。城市产业规划的顺利实施离不开一系列的相关政策，其中以产业政策、财政政策、金融政策、人才政策等为主，其主要目的是为重点发展的产业部门提供税收优惠、财政补贴、融资环境、分工合作、技术交流、人才引进和培养等方面的制度性保障。

传统的城市产业规划不考虑区域经济差异，环境分析的过程中区域经济差异被认为是一个既定的外生条件，许多规划都忽视区域经济差异对区域产业发展的影响，城市产业规划的基础条件分析存在偏差，对规划区域产业发展的外部环境和内部条件认识不清晰、不到位，功能定位也容易脱离区域周边地区和上一级区域发展需求而盲目追求区域产业增长指标的上升，从而大大降低了发展战略和保障政策制定的针对性与合理性；尤其在确定产业目标（总量目标、结构目标、组织优化目标等）的过程中，忽视区域经济差异的影响会导致目标过高或偏低，主导产业或支柱产业的相似度较高，造成区域间产业经济的恶性竞争，不利于区域分工和区际合作的展开，从而妨碍区域产业发展质量和效益。从规划效果角度来看，如果不考虑区域经济差异的城市产业规划脱离了现实基础，那么就减弱了规划政策对产业发展的积极影响。这种规划在某种意义上是失效的。

5.2.2 传统城市产业规划方法的主要弊端

经济全球化和区域集团化的浪潮将所有国家和地区不同程度地卷入更大空间范围的市场竞争，城市产业规划已经不再局限于解决区域内部的具体问题，而是具有了区域关联、区域协调发展等自身形态以外的内容。传统的以单个区域为中心的规划体系与思维模式，忽略了区域经济差异是城市产业规划的客观基础这一基本事实，追求单个地域单元经济增长而不注重区域整体协调发展，已经无法适应新时代背景的需要。中华人民共和国成立以来，传统的区域规划在我国的经济建设中发挥了重要的作用，但是同时也存在诸多弊端。对我国31个省（自治区、直辖市）的国民经济和社会发展规划等相关规划内容进行整理可以发现，传统城市产业规划方法的缺陷主要表现在以下三个方面：

首先，许多城市产业规划没有体现区域的优势与特点，在产业体系建设方面往往追求面面俱到，重点不突出。各省市的城市产业规划基本上是参照国家的《十三五国民经济和社会发展规划》框架制定的，一些地区完全采用国家计划纲要的框架，没有取舍，面面俱到，一些可以不写入本地计划纲要的内容也占了一定的篇幅，但是，该突出的重点却未能表现出来。在区域产业体系建设方面，大多数规划都以现代产业体系建设为目标，明确提出要加强以高新技术产业、服务经济、先进制造业和现代农业为主体的产业体系建设。在关于发展农业的内容中，农、林、牧、副、渔等全部描述一遍；在服务业发展方向上，则是现代物流业、商贸业、金融保险业、旅游业、会展业、中介服务、社区服务业等全部囊括；在工业经济发展方面，均提到改造传统产业、培育主导产业、发展高新技术产业及战略性新兴产业；对不是本地应该重点发展的行业，往往也空泛地写上“大力发展”，显得乏力无用。广而全的规划思想违背了比较优势的原理，将不同的区域视作类似的地域单元，相似的产业体系建设没有真正发挥区位优势和地域分工的积极意义，其重要原因在于对城市产业规划的客观基础认识不到位，导致产业发展定位不准确，大大减弱了城市产业规划对区域产业发展的指导作用。

其次，城市产业规划上缺少比较分析，具有一定的盲目性。众所周知，在新技术和新产业迅猛发展的时代背景下，战略性新兴产业正逐渐成为引领世界经济发展的关键力量。“十三五”规划指出要集中力量，加快推进节能环保、新一代信息技术、生物、高端装备制造、新能源、新材料和新能源汽车七个战略性新兴产业的发展。全国范围内掀起一轮战略性新兴产业建设热潮，大多数地区在制定城市产业规划时都将战略性新兴产业列为重点发展产业。除西藏外其他30个省市自治区在《“十三五”规划纲要》中明确提出，把战略性新兴产业作为产业结构优化和区域产业竞争力提升的突破口，将其培育为地区经济发展的先导性、支柱性产业。在30个省市的规划中，几乎所有的省份都选择发展生物医药产业；有27个省份选择发展新能源产业，其中大部分的重点发展方向为太阳能、风能、核能、生物质气化及海洋能等可再生能源的产业化利用；有23个省份选择发展节能环保产业，基本上确定重点发展清洁生产和低碳技术，主要产品为节能设备、清洁生产及资源循环利用装备等；有21个省份选择发展新一代信息技术产业，发展重点集中在高性能集成电路、光电子材料、移动网络与物联网信息服务等领域；有20个省份选择发展高端装备制造业。目前，部分省份尚缺乏发展某些战略性新兴产业的条件，但是按这样的规划方案，无视区域经济差异的存在而盲目发展技术和资金密集型的产业，使各地区间技术资源和资金的争夺日益激烈，必然导致全国重复建设和恶性竞争，并且分散投资的发展模式不利于产业质量和效益的提升，是一种经济资源的浪费。

最后，城市产业规划内容偏重于产业发展层面的规划，忽视空间政策和综合协调。在不考虑区域经济差异的城市产业规划中，规划的核心任务是如何利用有限的经济要素推动地区产业经济的快速发展，衡量发展的主要指标一般为GDP总量及其增长率，三次产业增加值及其构成比例等，缺少对区域协调、产业协调和可持续协调等综合协调发展的测度指标。从前文可知，城市产业规划应当是产业维度和空间维度一系列政策的有机结合，但是，传统的城市产业规划只强调生产要素在第一、第二和第三次产业之间的配置安排，而很少关注到与此相对应的空间问题，如区域间关联产业、城乡间产业及区域产业内部的布局等空间政策。近年来，人们逐渐意识到城乡间、区域间经济差距扩大等问题带来的严重后果，在部分城市产业规划中也提到要加强区域协调发展，缩小区域发展差距，然而传统的城市产业规划并没有把区域经济差异作为规划的客观基础，在规划过程中将区域经济差异与产业发展视为两个互不影响的主体，区域协调发展只能成为一个空洞的规划口号。无论是产业体系建设的面面俱到、产业选择的盲目性，还是空间政策与综合协调的缺失，其根源都是传统城市产业规划模式与方法在地区经济发展差距不断扩大的条件下失灵，因此，建立一套适用于区域经济差异下的城市产业规划理论与方法，具有无法替代的巨大意义。

5.2.3 考虑区域经济差异的城市产业规划模式

在客观存在经济差异条件下，传统城市产业规划的一般方法存在着上述一些问题。为了克服这些问题，城市产业规划模式需要进行一定改良，因此，本节将结合前面章节的理论分析和一般规划方法构建考虑区域经济差异的城市产业规划模式。基于绿色生态理念的城市产业规划模式可分为环境分析、现状剖析、功能定位与战略目标、发展战略、支撑与保障体系设计五个环节。在这种规划模式中，区域经济差异作为规划的客观基础，影响着城市产业规划的各个阶段。

首先，编制城市产业规划的工作是从区域产业发展环境分析开始的，考虑区域经济差异的城市产业规划不仅考虑了国际环境、国内环境和区域环境对区域产业发展的影响，而且还从区域间的经济竞争与合作关系分析了这个因素对城市产业发展的要求。其次，对城市产业发展的现状进行描述，以挖掘城市域内产业发展的优势资源，如区位优势、竞争资源等，并从中寻找到城市产业发展所面临的主要问题。这些问题是城市产业发展战略和支撑体系建设的基础，然后，作为区域产业发展政策性安排的城市产业规划要明确城市的功能定位以及战略目标。在这个环节中，城市产业战略目标不应仅是简单地围绕产业规模、结构和效率，还应该包括区域产业协调发展的目标。再次，为了实现城市产业规划目标而制定具体的产业发展战略，是城市产业规划的核心内容，它可以分为主导产业选择、产业布局及重点产业发展策略等。区域经济差异对城市产业规划的影响作用，在这个阶段可以体现在区域主导产业选择过程（例如主导产业选择过程）中强调了区域间经济技术联系及区域产业空间溢出效应。此外，产业布局与重点产业发展策略都要以区域产业协调发展作为基本原则。最后，再根据前面几个环节发现的问题，提出促进区域产业协调可持续发展的支撑体系和制度保障，如土地、交通、公共基础设施、环境承载等支撑以及相应的产业政策工具。

5.3　全过程视角下的城市产业规划评估体系

规划评估是整个城市产业规划运作过程中不可或缺的环节。在规划编制工作开展之前，哪些内容需要规划，哪些内容不需要安排，如何设计规划内容等都需要进行规划实施前的评估或评价。在规划实施后，判断一下规划目标是否实现以及规划取得的效果如何，这是一种事后的评价。同样，在规划实施的过程中，不同的实施阶段考虑到一些影响因素的变化，实施的规划是否会与预计的目标有所偏差，实际产生的规划效果如何，也需要通过评估工作来进行测度，因此，评估或评价是规划活动中的必要组成部分，是城市产业规划顺利开展和有效实施的重要基础。

5.3.1 城市产业规划的全过程

所谓全过程的、动态的城市产业规划评估是指在城市产业规划编制与实施进程中及规划项目完成后的整个过程对区域规划方案、工具、运行效率、预期目标完成度及规划所产生的社会、经济、生态效益等的价值评价。这种规划评估模式是建立在城市产业规划的全过程分解基础之上，因此，有必要先探讨一下城市产业规划的全过程。城市产业规划是在一定空间范围和时间期限内进行的一系列产业发展的制度安排，不同时期的产业规划应该具有一定的延续性和继承性。换言之，城市产业规划是一个动态的，循环往复、交互作用的规划过程。每一个新的规划都是根据区域产业发展基础和条件的新变化来总结和完善上一个规划的不足之处及需要变动的地方。

城市产业规划过程通常包括三个方面，即规划编制过程、规划实施过程及规划监控、反馈与调整过程。城市产业规划编制过程主要是在区域产业发展的现状调查和相关基础资料的收集基础上，分析与明确区域产业发展中的关键问题和发展潜力，利用相关理论与预测方法并借鉴国内外先进经验，在此基础上提出区域产业发展目标及一些重大建设项目与重点开发区域等方案，然后，再对比各种设想和方案，从中选择最佳的规划设计。规划编制工作完成后，规划就要开始实施，其本质就是将规划设计的蓝图付诸实践，其具体事项有选择重大项目建设的实施主体，制定合理的实施战略体系及资金、人才、信息技术和土地要素的分配，主要涉及主导产业选择、重点产业培育、生产力空间布局与城乡协调发展战略等方面。除上述两个过程外，城市产业规划的监控、反馈与调整过程是经常会被忽视的一个环节，而事实上，这个过程却对规划本身合理与否、其实施效果是否理想具有重要的影响。城市产业规划过程包括监控规划项目执行的运作效率，测算规划的实施效果并将其与预期目标进行对比，在进行完反馈监督与评价信息之后，还需要对规划进行一定程度上的修改。

需要注意的是，在动态、循环往复的城市产业规划中，从规划编制到规划实施及监控、反馈与调整阶段再到新一轮的规划开始，规划评估始终贯穿了城市产业规划的全过程，其具体流程如图 5－3－1 所示。规划评估是城市产业规划的重要组成部分，同时，也是各个环节交互作用的媒介与载体。从编制流程来看，城市产业规划的编制工作包括分析、预测、方案设计与选择、反馈、评估与调整等，在规划方案研究与确定的过程中，规划方案的评估至关重要，是决定一个城市产业规划是否科学的关键性因素。在规划实施阶段中，要经常检查规划的可行性和实际效益，根据新出现的情况和问题，对原规划方案进行必要的调整、补充或修改，使其适应不断变化的形势和环境。由此可见，规划过程评估将规划实施过程与规划监控、反馈与调整过程联系在一起。在规划项目结束之后，规划实施效果的评估既是对本次规划的目标完成程度、价值效益的总结和评价，又是新一轮规划开始的基础，它为新规划提供了可供借鉴的经验并明确了有待完善的方向。从理论上来讲，城市产业规划是由交互作用的众多环节构成，并按照一定机制有序运行的一个体系，但事实上目前许多规划过程缺失评估与调整这一重要部分，严重影响了城市产业规划的适用性和有效性。

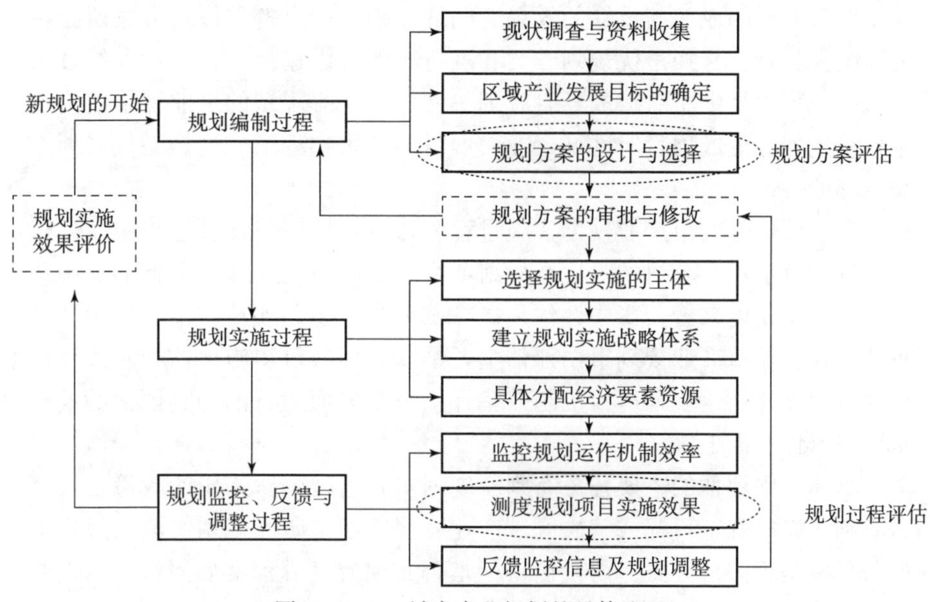

图 5－3－1　城市产业规划的具体流程

5.3.2　基于全过程的城市产业规划评估的阶段划分

从时间轴来看，规划评估与城市产业规划在流程进度方面保持着同一性和一致性。按照评估内容与评估时序，可将城市产业规划评估划分为事前评估、事中评估和事后评估三个阶段。这种划分可对规划的编制、实施及监控过程进行全面的评价，同时，也可以在客观条件、实施环境发生变化后，及时对评估信息进行反馈，从而提升了城市产业规划的时效性、针对性和科学性。由城市产业规划评估流程（图 5－3－1）可知，规划评估是一个周期性总结和反馈过程。它不仅是针对单个方案或者实施过程的内外监督，也是区域产业发展外部环境和内部条件利用、产业结构优化和区域协调发展等举措的结果绩效的经验性规律总结。与城市产业规划过程一样，评估也是动态的，循环往复的，前一阶段评估是后一阶段评估的基础，后一阶段评估是新一轮评估开始的前提。

城市产业规划评估以事前评估为起点，它是在规划实施之前进行的评价，主要是对规划方案内容的合理性、执行的可行性和可操作性及规划实施效果的预评估，为决策者判断一个城市产业规划方案的价值提供信息基础。事前评估是与规划编制同时进行的，也可作为规划编制过程的一部分，是改善规划方案设计的质量、可用性和全面性的一种重要工具。事前评估有一些基本的规范要求，主要包括明确规划需要实现的目标，并测算期望能够取得的成效与设计的效果之间的差距；指出各种规划方案所存在的风险和问题，选择最优规划方案和准备其他可供选择的计划；总结过去类似的规划项目中所获得的经验教训等。城市产业规划的事前评估的重点是预测规划方案或项目对区域产业发展目标的影响程度，这是最优规划方案选择的关键。

事中评估是城市产业规划实施过程和监控、反馈与调整过程中所进行的一种评价工作，其目的是检查规划项目的实施进度与规划运行的机制效率。从这个角度来看，事中评估是提高城市产业规划项目质量和适用性的重要途径。城市产业规划事中评估主要是从规划项目实施评估和阶段性目标完成程度评估及规划运行机制效率评估三个方面进行的，其评估的重心集中在操作层面上。

具体事中评估的主要任务有判断规划实施过程中所采用的政策工具是否有利于完成既定目标或解决区域产业发展问题；研究规划实施的战略措施与目标是否保持一致，阶段性目标是否实现或完成程度如何；评估重要的规划项目或优先目标是否获得优先顺序，其监督和管理制度是否合理；分析规划运行机制并估算运行效率。在城市产业规划事中评估中所发现的问题需要及时向决策者反馈，并对方案与项目进行相应的修改与完善。

事后评估是城市产业规划评估的第三个阶段，它是在规划完成之后根据城市产业规划对区域产业结构、空间布局及其协调发展的作用与效果而对城市产业规划作出的价值判断，其目的是确认资金、人才、信息、技术及土地等经济要素是否得到有效利用，要素配置是否实现最优化，并向决策者与公众报告规划项目、政策工具的效率与效果以及预设目标的实现程度。事后评估主要包括两方面，一是对规划目标完成程度的评估，即规划实施结果与规划方案所设计的目标之间的相似程度的度量；另一个则是对规划实施效果的评估，即规划项目实施后所带来的社会、经济、政治、生态等多角度的效益估计。城市产业规划事后评估是特定阶段内某一制度性安排的综合评价，总结规划成功或失败的影响因素，它是已完成规划的终点，同时也为新规划的编制提供可借鉴的经验。

5.3.3　多维度的城市产业规划评估模式

目前，我国城市产业规划评估的相关理论研究尚不成体系，规划评估工作缺乏相应的理论基础，评估实践的发展也相对滞后，导致规划评估工作大多停留在城市产业规划的“事前”方案评估阶段和“事后”实施效果评估阶段。这样的评估模式的缺点是忽略了“事中”过程评估工作的重要性，难以发挥评估工作对城市产业规划实施的连续调节作用。为了更好地指导城市产业规划工作的开展，构建一个动态、全面及多维度的评估模式是规划评估理论与实践发展的必然要求。

“事前”的方案评估、“事中”的过程评估与“事后”的效果评估是从评估流程的角度对城市产业规划进行的价值评价，它可以反映出规划评估的连续性与动态性，但是一个全面的规划评估还必须在评估技术支撑、评估主体参与、价值标准等领域有所体现，因为这些因素直接影响到规划评估的适用性、有效性及可信度等，所以，多维度的城市产业规划评估模式至少包括四个维度，即以规划方案为对象的技术评估、以规划主体为对象的价值评估、以规划过程为对象的效率评估和以规划结果为对象的绩效评估。这四个维度的评估是以城市产业规划的目标评估为中心而相互联系、交互作用的，构成一个集手段、目标技术与价值为一体的联系紧密、结构清晰的环状结构，即多维度城市产业规划的评估如图 5－3－2 所示。

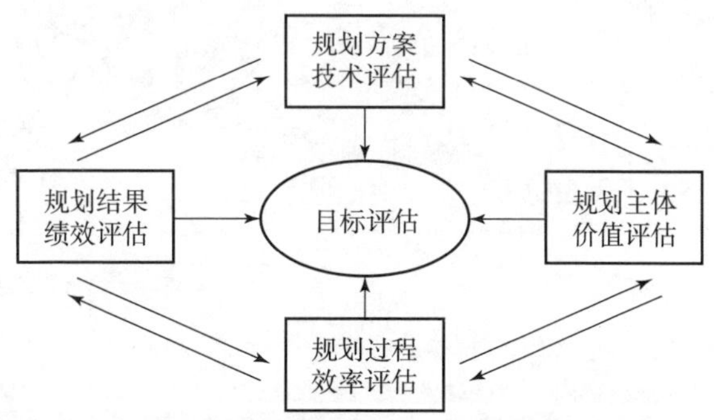

图 5－3－2　多维度城市产业规划的评估

基于全过程的城市产业规划评估是一个多维度评估模式。首先，规划评估以一定逻辑方法和评估技术为支撑，对规划方案的目标设定、发展战略与实施路径的内在关联性和操作可行性进行评估；其次，从规划主体来看，政府部门、规划专业人士及普通公众等多元化主体参与直接影响到规划编制与实施的质量水平，规划主体价值评估的主要指标有公众参与率、公众意见采纳率、公众参与等级和效率等；再次，规划过程效率评估关注的不仅是规划项目与阶段性目标的完成情况，其重点在于规划运行程序的效率管理，如规划审批、决策过程与执行、监控与信息反馈、规划调整的效率等；最后，与一般的评估模式一样，规划结果绩效评价是不可或缺的组成部分，是对规划投入的产出部分进行的评估，包括经济财政、社会文化、行政管理与生态环境等诸方面的效益估计。多维度的城市产业规划评估模式融合了许多评估方法和技术，是定性分析与定量分析的结合，也是实证方法与人文解释方法的结合。

第 6 章　构建三维基准模型选择主导产业的范式

主导产业是对区域经济发展起主导性或支配性作用的产业。从量的方面来看，主导产业在区域生产总值中占有较大比重或将来有可能占较大比重；从质的方面来看，主导产业具有相对较高的生产效率，能够对区域经济增长的速度与质量产生决定性影响。区域产业结构的演变在很大程度上是主导产业的变迁，产业结构高度化、合理化和均衡化的过程中，最重要的是对主导产业的遴选和培育，主导产业选择成为区域产业结构调整与优化的关键，因此，在考虑区域经济差异的基础上，本章试图构建一个主导产业选择的三维基准模型，从而为城市产业规划的重点产业发展战略提供理论支撑。

6.1　构建主导产业三维基准选择模型

由于历史原因，我国各个地区经济发展水平存在着较大差距，各行政区域间的相互依赖和经济技术关联对区域内产业的发展具有不可忽视的影响力。传统的主导产业选择方法大多数只考虑区域内部产业发展基础、市场条件和政策环境，而较少关注区域关联、区域协调发展等自身形态以外的内容。主导产业选择的基准虽然从单一的罗斯托基准、赫希曼基准以及筱原三代平基准发展到多个基准的综合分析，但是，基本上都局限于区域内部环境的分析，忽略了发达地区或相邻地区对本地区产业经济发展的外部性，导致城市产业规划的盲目性和主导产业选择的不合理性。在区域经济差异的背景下，城市产业规划具有两个基本目标：一个是经济增长，即资源配置和产业效率的最大化；另一个是区域协调，即区域内与区域间的产业经济技术联系和空间依赖性的协调发展。

由此可见，本研究以一个新的角度，建立三个维度来构建主导产业选择的基准。第一个维度是区域关联维度，主要指标包括区域内产业联动、域内经济的空间相关性，主要分析的是区域关联对主导产业选择的影响；第二个维度是产业发展基础维度，主要指标包括域内产业规模、市场占有率、产业关联、生产技术等，针对区域产业发展的内外部环境和基础条件进行分析；第三个维度是产业发展潜力维度，主要指标有核心技术、发展前景、政策支持等，用于衡量区域产业发展的潜力，寻找重点产业的发展趋势和方向。

6.1.1 区域关联基准

区域关联维度是反映区域间产业联动和区域经济空间相关性的一个基准。在一个开放的区域经济体系中，区域间的资金、技术、信息及劳动力等生产要素和商品、服务等产出均可相互流动，从而形成一种产业链条上的协作关系，即产业联动。产业联动一方面能够加强区域间的技术经济往来，互通有无，获得更多的发展机会；另一方面，在产业联动的作用下，这些区域会相互争夺资源、政策及发展机遇等，存在竞争关系，有可能对某些区域产业发展带来不利影响。近年来，一个区域的经济发展对相邻区域经济发展的带动作用，即空间溢出效应受到越来越多的关注。大量经验研究表明，空间溢出效应是中国地区经济发展不可忽视的重要影响因素。在具有空间相关性的区域之间，区域产业结构调整与主导产业选择是相互影响和相互制约的，因此，主导产业选择的过程中，区域关联维度的分析必不可少，要从产业联动视角和更广阔的空间视野强化产业间和区域间的关联互补性，强调地域分工协作、错位发展及协调发展的观念。

6.1.2 区域产业发展基础基准

产业发展基础维度是主导产业选择最早使用的、较为传统的分析基准，重点考察区位优势、资源条件和产业发展状况及经济效益等方面的情况。区位优势是经济活动发生在某个特定点或若干点上，而不发生在其他点所获得的优势，主要表现在交通区位、市场区位及政策区位等方面。资源禀赋是一切生产活动的基础，在自然资源丰富、生产原料或燃料充足的区域，资源指向型产业具有成为重点产业的先天条件。主导产业通常是在地区生产总值中占有较大比重的产业，因此，发展状况良好的产业有较大可能成为区域经济发展的支配性产业。结合主导产业选择基准的相关理论，进一步细化区域产业发展基础维度分析，可从区域比较优势、技术进步、产业效益及产业关联等指标来度量产业发展基础的优劣：区域比较优势主要是判断一定空间范围内某一产业是否具有成本、规模或竞争力比较优势；技术进步或具有较高的产业技术水平是主导产业发展的内在需求，是产业创新的物质基础；产业效益是对某一产业发展状况最为直接的描述，它反映的是投入与产出的效率关系；产业关联是产业间经济技术联系效应，一般表现在回顾效应、旁侧效应和前向效应三个方面，是主导产业的重要特性。

6.1.3　区域产业发展潜力基准

产业发展潜力维度是判定一个产业是否具有发展潜力的基准，主要从核心技术、发展前景、政策导向及发展新理念等层面衡量产业发展前景和后续能力。相对于产业发展基础维度，产业发展潜力更关注那些目前不起支配性作用、在地区生产总值中占比不高，但具有广阔的发展前景，在未来一定时期内能够成长为支配性和主导性的产业。一般而言，这类产业大多具有下列部分或全部的特点：具有内源性的技术创新，技术进步效应明显；拥有较大规模的市场需求或需求增长潜力大，并且具备产业化生产的条件；能够集中发挥现实比较优势、放大潜在竞争优势；顺应产业结构调整趋势，具有前瞻性和前沿性，与产业结构升级优化的方向保持一致；属于节能环保、低碳循环、可持续发展的绿色经济；享受国家或区域产业政策的扶持，为政府鼓励发展的产业类型；产业发展风险在可控范围内，孵化成功的概率相对较高。

6.2　主导产业选择基准的指标化

主导产业选择的基准是主导产业选择的理论基础，是一种定性的分析。为了更客观地进行主导产业选择和培育工作，应采用定量分析指标化区域关联、产业发展基础及产业发展潜力三个维度的基准。

6.2.1　区域关联维度的指标

与传统的主导产业选择方法相比，基于区域经济差异的主导产业选择方法最显著的特点是增加了其他区域与本区域的产业经济联系的影响分析，即区域关联基准。区域关联主要体现在两个方面：一是区域间和产业间的联动关系，二是区域产业增长的空间溢出效应。因此，区域关联维度的指标主要有产业联动程度和市场潜能。产业联动实际上是一种协作关系，其客观基础是产业结构的差异性，通常可以借助产值结构和就业结构差异来度量两个区域间的产业联动程度，其计算公式为：

$$L_{ij} = \lambda \prod_{i=1}^{2} exp[abs(x_i - y_i)] / \sqrt{d_{ij}} \tag{6.1}$$

式中，x_i 和 y_i 分别表示区域 i 和区域 j 某一产业的产值占全国该产业产值的比重；而 x_2、y_2 则表示两个区域这一产业的从业人员在全国该产业从业人员的占比；d_{ij} 为两个区域的行政中心之间的距离；λ 是一个权重，产业转移是产业联动的重要实现方式，产业转移又需要考虑到欠发达地区承接产业的条件，所以，由欠发达区域产业产值占全国该产业产值的比重来衡量发达区域向欠发达区域的产业转移可能性，并以此作为 λ 的度量。L_{ij} 是两个区域之间的产业联动程度，为了测算区域内某一产业与相邻区域的产业联动关系，需引入空间权重矩阵 W，若两个区域相邻，则 w_{ij} 为 1；反之，如果两个区域不相邻，那么 w_{ij} 值取 0。区域关联维度中产业联动程度变量 Y_1 为：

$$Y_1 = w_{ij}L_{ij} \quad (i \neq j) \tag{6.2}$$

根据新经济地理学理论，供给与需求的相互促进形成的累积循环是产业集聚空间外部性的主要成因，一个区域对周边地区经济增长的空间溢出效应主要机制：当某一产业发展水平较高时，其产业规模往往较大，产业发展速度较快，产品和服务的潜在需求量增大，需求规模的扩张能够带动相邻区域该类产业的发展。在既有的相关研究中，市场潜能常被当作刻画空间溢出效应的指标，其测算公式为：

$$M = \sum_{i \neq j} \frac{y_i}{d_{ij}} \tag{6.3}$$

式（6.3）中，区域 i 为目标区域，y_j 为目标区域外部的区域 j 某一产业生产总值，d_{ij} 为两个区域的行政中心之间的距离。区域 i 的市场潜能实质上是其他地区该产业发展水平的加权和，其权重为距离的倒数，其他地区产业发展对区域 i 的空间溢出效应随着距离的增加而减弱。与产业联动程度一样，空间溢出效应一般对相邻区域的影响比较大，所以采用空间权重矩阵 W 对市场潜能进行修正，修正后的市场潜能计算公式为：

$$Y_2 = W_{ij} \sum_{i \neq j} \frac{y_i}{d_{ij}} \tag{6.4}$$

6.2.2　产业发展基础维度的指标

产业发展基础主要是对区域内部产业发展现状的一个评估，一般从比较优势、技术进步、产业效益和产业关联四个角度进行分析，每一个指标都对应不同的变量。一个产业若能够成为主导产业，与其他产业相比，它应当具有一定的区域比较优势，这种优势一般通过市场竞争力来体现，而其主要的指标为区位商和市场占有率。区位商通过区域产出水平在全国产出水平的比重来反映目标区域的产业 i 在全国同类产业中的竞争能力，区位商的表达式为：

$$Y_3 = \frac{x_i/x}{y_i/y} \tag{6.5}$$

式中，x_i 是目标区域 i 产业的增加值，x 是该区域所有产业的增加值；y_i 是产业 i 在全国范围内的增加值，y 表示全国所有产业的增加值。而市场占有率是区域产业在全国市场占有情况的综合反映，由公式 6.6 计算可得：

$$Y_4 = r_i/R_i \tag{6.6}$$

式中，r 和 R 分别代表产业 i 在目标区域和全国范围内的销售收入。

从主导产业的定义可以看出，具有支配性地位的主导产业应当具有较高的技术水平，一个产业是否具有技术进步效应是其能否成为主导产业的重要因素。所以，在主导产业选择的分析中技术进步率的测算必不可少。利用新古典经济增长模型中索洛余值的计算方法可以求出从生产增长率中扣除劳动力和资本的增加率，即技术进步率。其计算公式为：

$$Y_5 = \partial \ln y_i/\partial t - \partial \ln L_i/\partial t - \beta \partial \ln K_i/\partial t \tag{6.7}$$

式中，y_i，L_i，K_i 分别表示目标区域产业 i 的产出总量、劳动和资本投入。技术进步对产业的直接影响就是产业生产率的上升。在一定技术水平下，劳动生产率的变动是最能反映技术进步的指标，技术进步越明显，劳动生产率提高得越快，反之，在没有技术进步的情况下，劳动生产率上升得很慢，因此，劳动生产率增长率是衡量产业技术水平的一个指标，它的测算方法为：

$$Y_6 = \frac{\mu - \mu_{-1}}{\mu_{-1}} \tag{6.8}$$

式中，μ 和 μ_{-1} 分别为本期与上一期的劳动生产率。

产业效益是衡量某一产业发展状况和盈利水平的最有利的指标，不仅能说明该产业的利润获得和价值创造的能力，也能表现出其产业吸收劳动力和安排就业的能力，通过就业规模反映出产业规模的大小。在主导产业选择的过程中，产业效益是一个重要的参考因素，主要包括资本回报率和就业规模两个方面。资本回报率是以货币衡量的要素投入的产出比率，通常由利润总额与总资产之比来表示：

$$Y_7 = P_i/K_i \tag{6.9}$$

一般说来，资本回报率越大，则表示产业创造价值能力越强，产业效益越好。就业规模在一定程度上能够反映产业规模的大小，处于上升期的产业，其产业规模增大，该产业的从业人员就增多；反之，处于衰退期的产业，产出规模萎缩，产业活动所需要的劳动人口则会减少。

$$Y_8 = L_i/L \tag{6.10}$$

由式（6.10）可知，就业规模等于区域内 i 产业的从业人员数量与所有产业就业人口总量之比。

产业关联效应也是区域产业发展基础维度的一个重要组成部分，它是产业之间投入与产出经济技术联系的总和。产业关联与区域关联维度的产业联动不是同一个概念，产业联动强调的是不同区域间的产业协作关系，而产业关联关注的是同一区域内不同产业间的扩散效应，其度量的指标主要有影响力系数和感应力系数。影响力系数是反映某一产业部门增加一个单位产出时，对其他产业部门所产生的需求影响。

$$Y_9 = \frac{n\sum_{i=1}^{n} b_{ij}}{\sum\sum b_{ij}}(j = 1,2,\cdots,n) \tag{6.11}$$

式（6.11）为影响力系数的计算公式，其中，$\boldsymbol{b}_{ij}$是产业部门j对产业部门i的完全消耗系数。若影响力系数大于1，则意味着产业i对其他产业的影响力高于社会平均影响水平。影响力系数越大，则表示该产业对其他产业的带动力越强。相反地，感应力系数衡量的是当其他产业部门增加一个单位产出时，某一产业部门需要为其他部门提供的产出量，其计算公式为：

$$Y_{10} = \frac{n\sum_{i=1}^{n} k_{ij}}{\sum\sum k_{ij}}(j = 1,2,\cdots,n) \tag{6.12}$$

在式（6.12）中，k_{ij}是产业部门i对产业部门j的完全分配系数。若感应度系数大于1，则意味着产业i所受到的感应程度高于社会平均感应程度。感应度系数越大，表示区域经济发展过程中对该产业的需求越大，因此，影响力系数和感应力系数越大的产业往往越可能成为主导产业。

6.2.3 产业发展潜力维度的指标

产业发展具有一定的周期性。每一个产业都会经历初创、成长、成熟和衰退的阶段，随着社会经济的发展，旧的产业会衰退并消失，同时，新的产业会不断涌现。某些产业虽然当前还不具备成为支配性产业的条件，但是如果它们顺应世界经济发展潮流，代表未来科技和产业发展方向，具有较大的发展潜力，那么这类产业能够成为潜在的主导产业。结合产业发展潜力基准的分析，本节从市场发展前景、内在成长潜力、可持续发展潜力和政策支持力四个方面选取适当的变量来衡量产业发展潜力的大小。

需求收入弹性是早期在主导产业选择研究中经常使用的一个指标，主要反映了国民收入增加会对产业需求的影响。根据筱原三代平的理论，主导产业应当具有较大的收入弹性。若收入增加可以较快地推动产业需求增长，则说明该产业市场前景较广阔，其计算方法为需求增长百分比除以收入增长百分比：

$$Y_{11} = \frac{\Delta Q/Q}{\Delta M/M} \tag{6.13}$$

在知识经济和信息化时代，技术创新已成为产业增长的内核。一个产业是否具有成长潜力，在很大程度上由产业技术水平和创新能力来决定，而产业或企业的技术水平和科技创新能力大多是采用 *R&D* 投入和专利发明数量来衡量。

区域内 i 产业的 *R&D* 投入率为：

$$Y_{12} = RD_i/y_i \tag{6.14}$$

R&D 投入率是产业研发投入与该产业的增加值之比。一般情况下，研发投入在产业增加值中所占比例越高，产业创新的可能性越高。专利发明的申请和授权数是产业科技活动的另一个重要指标，而专利发明的授权数相对于申请数是一个更有效的指标，所以一个产业的专利发明率的计算公式为：

$$Y_{13} = P_{a_i}/Pa \tag{6.15}$$

式中，P_{a_i}表示产业 i 的专利发明授权数，而 P_a 为区域内所有产业的专利发明授权数。专利发明率是一个产业科技活动成果的度量，反映了该产业对区域产业科技进步的贡献程度。

区域经济发展不应以环境为代价，而是要实现经济与人口、社会与环境的和谐发展，即可持续发展。随着可持续发展理念的推广和落实，节能减排、低碳环保、绿色循环代表着未来产业的一种发展趋势。在主导产业选择的过程中，可持续发展成为一个重要的选择标准。一般情况下，以能源消耗产值率和三废治理系数作为评价产业可持续发展的主要指标。能源消耗产值率表示每消费一单位的能源所带来的产出水平，其计算公式为：

$$Y_{14} = N_i/NC_i \tag{6.16}$$

式中，NC_i 是从事产业 i 的生产活动所消耗的能源，而 N_i 代表产业 i 的生产总值。

能源消耗产值率反映了产业发展与资源环境的关系强度，指标越大说明该产业能源利用效率越高，产业越节能。三废治理系数是反映产业活动对环境的污染程度的一个指标，它是三废治理量与三废排放量的比值：

$$Y_{15} = S_i/P_i \tag{6.17}$$

式中，S_i 和 P_i 分别表示产业 i 的废水、废气及固体废弃物等三废治理量与排放量。一个产业是否具有发展潜力，还有一个重要的影响因素，即该产业的发展是否能够获得政府部门的相关支持。从世界产业发展的历史来看，政府支持的产业往往能够享受财政补贴、税收减免、金融信贷、土地利用、招商引资、人才引进与培养等诸多优惠政策，为产业发展营造了良好的经济环境，对产业成长具有明显的积极影响，因此政府支持力也是评估产业发展潜力的有效指标。虽然政府对一个产业发展的支持可以通过政策、经济和行政等多种手段来实现，但是可量化的指标还是以财政性支出的多少来判断，即财政支持系数：

$$Y_{16} = F_i / F \tag{6.18}$$

式中，F_i 指的是政府部门对产业 i 的财政性支出，而 F 则是政府对区域内所有产业的财政性支出。财政支持系数反映的是一个产业获得的政策支持程度，数值越大，则说明政府对该产业的支持力度越大，产业发展具有越有利的政治环境。

基于以上分析，可以构建一个主导产业选择的指标体系（表6－3－1）：主导产业选择应当遵循区域关联、产业发展基础与产业发展潜力三个维度的基准，从产业联动、空间溢出效应、比较优势、技术进步、产业效益、产业关联、市场前景、内在成长潜力、可持续发展潜力及政策支持力等指标中选取产业联动程度、市场潜能、区位商、市场占有率、技术进步率、劳动生产率增长率、资本回报率、就业规模、影响力系数、感应力系数、需求收入弹性、*R&D* 投入率、专利发明率、能源消耗产值率、三废治理系数和财政支持系数16个变量作为判断一个产业是否能成为主导产业的数理依据。

表6－3－1　主导产业选择体系说明

一级指标	指标内涵	二级指标	
区域关联	产业联动	产业联动程度	Y_1
	空间溢出效应	市场潜在能力	Y_2
产业发展基础	比较优势	区位商	Y_3
		市场占有率	Y_4
	技术进步	技术进步率	Y_5
		劳动生产增长率	Y_6
	产业效益	资本回报率	Y_7
		就业规模	Y_8
	产业关联	影响力系数	Y_9
		感应力系数	Y_{10}

续表

一级指标	指标内涵	二级指标	
产业发展潜力	市场前景	需求收入弹性	Y_{11}
	内在发展潜力	*R&D* 投入率	Y_{12}
		专利发明率	Y_{13}
	可持续发展潜力	能源消耗产值率	Y_{14}
		三废治理系数	Y_{15}
	政府支持力	财政支持系数	Y_{16}

6.3　主导产业选择的方法

主导产业选择是一个复杂而精细的系统过程。在确定基于区域经济差异的主导产业选择三维基准及其相应的选择指标之后，如何运用一种恰当的定量分析方法成为主导产业选择面临的重要问题。早期的主导产业选择以定性分析为主，近年来，随着数量技术的发展，定量分析方法逐渐成为主流的研究范式。目前，经常使用的定量方法主要有聚类分析法、主成分分析法、BP 神经网络法等。本书中提到的主导产业选择的关键是计算产业综合竞争力指数，指数越大，其成为主导产业的可能性越大。基本思路为：首先，结合专家评分表和 AHP 判断矩阵法对二级指标进行赋权并计算每个基准的得分；其次，采用熵值法模型确定一级指标的权重；最后，计算每个产业的综合竞争力指数。

6.3.1　主导产业选择指标体系中权重的确定

在指标选定的基础上，主导产业选择的核心是具体指标权重的赋予问题。现有的文献中，多指标综合评价的权重赋值方法主要有德尔菲法（又称专家评定法）、层次分析法、主成分分析法、模糊评价法、均方差法、熵值法和多元回归分析法等。这些方法可归纳为主观赋权和客观赋权两大类。其中，经常使用的均方差法是根据各个指标在指标体系中的变异程度和对其他指标的影响程度进行赋值，其赋权过程比较客观。专家评定法可以对一些难以刻画的指标进行赋权，并能考虑到决策者的主观意向，具有一定的灵活性，鉴于这种优势，专家评定法也被广泛使用，不过这种方法具有较大的主观性。由于两类不同的赋权方法各有优劣，因此，为了更合理地确定主导产业选择指标的权重，本书采用主客观相结合的综合赋权方法。

6.3.1.1 二级指标综合评价：AHP 判断矩阵法

针对二级指标综合评价，本书主要采用 AHP 判断矩阵法中的判断矩阵分别对区域关联、产业发展基础及产业发展潜力三个项目的 16 个具体指标进行合成。这种方法有两个关键的步骤：一是构建判断矩阵 A，二是求解判断矩阵最大特征根与其对应的特征向量，特征向量即为对应指标的权重值。

判断矩阵 A 主要是根据文献、经验或咨询专家给出各因素相对重要性的判断而建立。为了尽可能减少主观随意性，对咨询专家的数量和业务水平均应有一定的要求，并且选取各个专家判断值的众数作为指标重要性判断结果。判断矩阵是一个 $n \times n$ 矩阵，第 n 行的元素分别表示第 n 个指标相对其他指标的重要性。一般判断等级标度有 1、2、3、4、5 这 5 个等级，其中，1 表示指标 X_i 与 X_j 同等重要，2 表示指标 X_i 比 X_j 重要一点，3 表示指标 X_i 比 X_j 重要得多，4 表示指标 X_i 比 X_j 重要很多，5 表示指标 X_i 与 X_j 相比极端重要。如果同一级指标中指标 1 比指标 2 重要一点，那么 A_{12} 取值为 3 ，A_{21} 为 A_{12} 的倒数，即 1/3。每个指标相对自己来说都是同等重要的，因此，判断矩阵 A 是一个对角线元素全为 1，对称元素之积为 1 的矩阵。

在构建了判断矩阵 A 之后，指标赋权工作的核心就是求解判断矩阵 A 的最大特征值和它所对应的特征向量。即 $AW = \lambda_{max} W$，这里的 λ_{max} 为判断矩阵 A 的最大特征值，W 为对应于 λ_{max} 的正规化特征向量，W_i 则为指标 i 的权重值。为了评估各指标的相对权重的合理性，需要对判断矩阵 A 的一致性进行检验，其中两个重要的指标分别是一致性指标（CI）和随机一致性比率（CR）。CI 是检验判断矩阵 A 一致程度的必要条件，当 $CI = 0$ 时，判断矩阵具有完全一致性，CI 越大，判断矩阵的不一致性越严重，它的计算公式为：

$$CI = \frac{\lambda_{max} - n}{n - 1} \tag{6.19}$$

事实上，对于一个具体的矩阵很难判断 CI 是大还是小。为此，随机一致性指标 RI 被提出用来检验判断矩阵 A 是否具有满意的一致性，其选取方法如下：构建若干个 n 阶随机正反矩阵 A'，然后从 1 ~ 9 及其倒数中随机选取它的元素，再计算这些随机正反矩阵最大特征根的平均值 k，那么随机一致性指标 RI 为：

$$RI = \frac{k - n}{n - 1} \tag{6.20}$$

最后，定义 CR 为随机一致性比率，它是一致性指标和随机一致性指标的比值。根据判断矩阵的随机一致性比率可检验指标权重的合理性，一般地，当 CR 小于0.1时，判断矩阵 A 的一致程度在显著性范围之内，判断矩阵具有令人满意的一致性，可以用最大特征根对应的特征向量作为指标权重向量。

6.3.1.2　一级指标综合评价：熵值法模型

一级指标综合评价的权重主要有三个，分别对应区域关联、产业发展基础与产业发展潜力。根据信息论，某项指标的指标变异程度越大，信息熵值就越小，该指标提供的信息量就越大，为这个指标所赋的权重就应该越大。在主导产业选择指标体系中，上述三个一级指标中某个指标差异越大，说明该指标对主导产业选择的影响程度越显著，应赋予较大的权重，反之，指标差异越小则其权重值越小。采用熵值法对主导产业选择的三个一级指标进行赋权，其具体步骤如下：

第一步是指标数据的无量纲化。由于不同维度的指标数据代表的物理含义不同，各指标存在不同的量纲和数量级，而且部分指标与规划有效性是正相关的，部分指标又是负相关性的，量纲上的差异会对主导产业选择产生技术影响，为了消除这一影响，需要通过数学变换对指标数据进行无量纲化或标准化处理，其处理原则如下：对于正相关指标只需采用均值法将其标准化；对负相关指标先通过取倒数的方法将其正向化，然后，同样采用均值法将其标准化。

在第 i 个一级指标的第 j 个二级指标的原始指标数据 X_{ij} 经标准化处理后变为 Y_{ij} 后，使用标准化数据进行指标的熵值计算，则第 i 个指标的熵值可以表示为：

$$E_i = -k \sum_j Y_{ij} \ln Y_{ij} \tag{6.21}$$

式中，k 为常数，通常取值为 $1/\ln m$，m 是该一级指标下的二级指标个数。最后利用上个步骤中计算获得的熵值为指标是该一级指标下的二级指标 i 个赋权，其权重表达式为：

$$W_i = \frac{1 - E_i}{\sum_i (1 - E_i)} \tag{6.22}$$

6.3.2　主导产业选择的定量分析过程

在主导产业选择指标体系中，与权重确定顺序一样，定量分析也是先对二级指标进行测算，然后再结合二级指标合成系数与其相对应的权重综合计算得出最终的综合竞争力指数。整个定量分析的过程可分解为以下 4 个步骤：

①收集原始数据，并进行处理得到 16 个具体指标的原始值，然后再对原始值进行标准化从而得到各二级指标的标准值 Y_{ij}。

②采用 AHP 判断矩阵法对标准化后的二级指标进行赋权，根据评审专家所给予各指标权重的众数依次构建判断矩阵 A_1，A_2 和 A_3，进一步计算判断矩阵的最大特征值及其对应的特征向量，以通过一致性检验的特征向量作为二级指标权重；

③根据加权和合成法计算区域关联、产业发展基础和产业发展潜力等三个维度的得分，它是各个二级指标的标准值 Y_{ij} 与其对应的权重 W_{ij} 之积的加总，定义第 i 个维度的得分为 p_i；

④使用墒值法分别求解三个一级指标系数的熵值，再按照公式 6.22 计算其对应的权重 W_i，以此加权区域关联、产业发展基础和产业发展潜力的得分，即可得到产业综合竞争力指数。

产业综合竞争力指数 = W_i × 区域产联指数 + W_i × 区域产业发展基础指数 + W_i × 区域产业发展潜力指数。

第 7 章　案例——锦江绿道产业发展定位及规划

7.1　锦江绿道产业发展背景分析

7.1.1　产业发展的概况

7.1.1.1　产业与主导产业

产业既可以指工业，又可以泛指国民经济中的各个具体产业部门，如工业、农业、服务业，或者指其中更具体的行业部门，如钢铁业、纺织业、食品业、造船业等。在传统社会主义经济学理论中，产业主要指经济社会的物质生产部门，一般而言，每个部门都专门生产和制造某种独立的产品，某种意义上每个部门也就成为一个相对独立的产业部门，如“农业”“工业”“交通运输业”等。

早期西方传统的产业组织理论对产业概念的定义是指生产同类产品或提供同类服务的企业（具有紧密替代弹性）的集合。后来的研究者均在这一基础上对产业概念的界定问题进行研究，并达成了一定的共识，认为产业是介于宏观和微观之间的集合概念，属于中观层次的经济学范畴。对于微观经济中的单个企业而言，产业是具有相同性质企业群体的集合；对于宏观经济而言，产业是国民经济基于共同标准而划分的部分。

主导产业是具有一定规模，能够充分发挥经济技术优势，以技术优势改变生产函数并对经济发展和产业结构演进有强大的促进和带动作用的产业。一般具有如下五个显著的特征：

第一，具有较强的创新能力，获得与新技术相关联的新的生产函数，能够实现“产业突破”。

第二，具有持续的部门增长率，并高于整个经济增长率。

第三，具有很强的扩散效应，能广泛地采取多种手段带动或启动其他产业的增长；对其他产业的增长产生广泛的直接和间接的影响。

第四，具有显著的产业规模和良好的发展潜力，是区域经济发展的支柱和主导。

第五，在时间上具有阶段性，随经济发展的不同阶段而不断转换。

基于主导产业的上述五个特征，政府在选择主导产业时，应遵循以下原则：第一，主导产业必须与区域经济发展阶段与发展水平相适应；第二，应具有明显的比较优势，市场潜力大，输出前景光明；第三，良好的经济效益和较快的经济增长速度；第四，产业关联效应强。

7.1.1.2　产业结构与产业划分

所谓产业结构是指在社会再生产过程中，一个国家或地区的产业组成即资源在产业间配置状态，产业发展水平即各产业所占比重，以及产业间的技术经济联系即产业间相互依存相互作用的方式。

产业结构可以从两个角度来考察：

一是从“质”的角度动态地揭示产业间技术经济联系与联系方式不断发生变化的趋势，揭示经济发展过程的国民经济各部门中，起主导或支柱地位的产业部门的不断替代的规律及其相应的“结构”效益，从而形成狭义的产业结构理论。

二是从“量”的角度静态地研究和分析一定时期内产业间联系与联系方式的技术经济数量比例关系，即产业间“投入”与“产出”的量的比例关系，从而形成产业关联理论。广义的产业结构理论包括狭义的产业结构理论和产业关联理论。

按照国家统计局对产业的划分，第一产业是指农、林、牧、渔业；第二产业是指采矿业，制造业，电力、燃气及水的生产和供应业，建筑业；第三产业是指除第一、二产业以外的其他行业。第三产业包括：交通运输、仓储和邮政业，信息传输、计算机服务和软件业，批发和零售业，住宿和餐饮业，金融业，房地产业，租赁和商务服务业，科学研究、技术服务和地质勘查业，水利、环境和公共设施管理业，居民服务和其他服务业，教育，卫生、社会保障和社会福利业，文化、体育和娱乐业，公共管理和社会组织，国际组织。

1. 产业结构的演变与工业化发展阶段相关

产业结构的演进有如下几个阶段：前工业化时期、工业化中期、工业化后期和后工业化时期。在前工业化初期，第一产业产值在国民经济中的比重逐渐缩小，其地位不断下降；第二产业有较大发展，工业重心从轻工业主导型逐渐转向基础工业主导型，第二产业占主导地位；第三产业也有一定发展，但在国民经济中的比重还比较小。在工业中期，工业重心由基础工业向高加工度工业转变，第二产业仍居第一位，第三产业逐渐上升。在工业化后期，第二产业的比重在三次产业中的地位占有支配地位，甚至占有绝对支配地位。在后工业化阶段，产业知识化成为主要特征。产业结构的发展就是沿着这样的一个发展进程由低级向高级走向高度内代化的。

2. 主导产业的转换过程具有顺序性

产业结构的演进有以农业为主导、轻纺工业为主导、原料工业和燃料动力工业等基础工业为重心的重化工业为主导、低度加工型的工业为主导、高度加工组装型工业为主导、第三产业为主导、信息产业为主导等几个阶段。

3. 三大产业具有依次替代的性质

产业结构的演进史沿着以第一产业为主导到第二产业为主导，再到第三产业为主导的方向发展的。

4. 产业结构演进的阶段区间具有可塑性

产业结构由低级向高级发展的各阶段是难以逾越的，但各阶段的发展过程可以缩短。从演进角度看，后一阶段产业的发展是以前一阶段产业充分发展为基础的。只有第一产业的劳动生产率得到充分的发展，第二产业的轻纺产业才能得到应有的发展，第二产业的发展是建立在第一产业劳动生产率大大提高的基础上，其中，加工组装型重化工业的发展又是建立在原料、燃料、动力等基础工业的发展基础上。同样，只有第二产业的快速发展，第三产业的发展才具有成熟的条件和坚实的基础。产业结构的超前发展会加速国家经济的发展，但有时也会带来一定的后遗症。

7.1.1.3　产业链与产业生态圈

产业链是从经济或产业布局的角度来讲的一个概念。产业链本质上描述的是一个具有某种内在联系的（社会分工不同）的企业群落，是个较为宏观的概念。产业链的范围是大于供应链的。举个简单的例子，石油产业的上游是勘探和开发，下游是炼制、运输、销售等。半导体产业链的上游是多晶硅的勘探与开发，中游是集成电路晶圆厂和代工厂，下游则是手机电脑等消费电子厂商。对于一个产业链的上、中、下游来说，只有上游厂商做好了，中下游厂商才能继续做，体现的是相互连贯的产业过程。

产业生态圈是指某种产业在某个地域范围内业已形成（或按规划将要形成）的以某主导产业为核心的具有较强市场竞争力和产业可持续发展特征的地域产业多维网络体系，体现了一种新的产业发展模式和一种新的产业布局形式。

生态圈是从一个更宏大的角度来讲的一个概念。狭义的生态圈可以理解为产业链，广义的生态圈怎么理解呢？《辞海》解释说，生态是生物在一定环境下的生存发展状态。或许可以理解为，生物与其生存环境及生物与生物之间的相互作用，通过物质循环、能量流动和信息交换形成一个不可分割的自然群体。比如，就信息通信业而言，和谐生态圈应指遵循开放、有序、合作、共赢的原则，为信息社会及数字世界的发展创造更好的生态环境，让身处其中的各个成员共存共荣，最终实现整个链条及系统的和谐发展。

简单地说，产业链是对企业主体间形成上下游协作配套关系的一种描述；生态圈是比产业链范围更广的一个概念，它不仅包含协作配套构成产业链的各企业主体，还包含为企业主体持续发展提供人才、科技、融资及基础设施等要素支持的整个外部环境。

7.1.1.4　2.5 产业概述

2.5 产业是指第二产业与第三产业之间的中间产业，具有高技术含量、高知识集聚和高管理水平等特点。俗称的 2.5 产业是指介于第二和第三产业之间的中间产业，其本质是生产性服务集中性的表现，构架生产与服务的一体化。2.5 产业能实现资源的集约化利用，提升知识、信息、管理和高技术手段对价值链的作用。

2.5 产业是高新技术的主要使用者和推动者。高技术含量的表现形式是企业发展中将形成具有独立的研发中心、公司核心技术产品的生产部门，推动高技术含量的 2.5 产业的发展。第二产业的下游营销、结算和售后服务等环节，其在价值链中的增值作用已超过生产制造，因此，高管理水平表现形式是企业经营的专业化程度进一步提高，成为工业企业非价格竞争的重要因素。高知识集聚主要表现在以 IT、动漫产业为代表的数字网络产业，包括电子商务、软件业和数字媒体等。

结合 2.5 产业的特点以及国内外现有 2.5 产业体系的发展方向，2.5 产业体系的落地形式分为科技园、总部基地和文化创意园三大类别。其中，高技术含量特性的承载者即为科技园区，该落地载体的建设注重技术开发平台和公共设施打造，依托大学、企业科研机构等建立，专注于以新兴科技驱动的产业，如生物医药、电子信息等产业。高管理水平特性的承载者是总部基地，该落地载体依托区别于中央商务区的生态环境资源形成企业总部集聚，专注于吸引企业价值链的营销、售后服务等高附加值环节，并聚集咨询、金融等专业服务企业，如商务花园、生产性功能服务区等。高知识集聚的承载者即为文化创意园区，该落地载体依托于文化创意类大型企业和高校资源建设，专注于数字媒体、教育等产业，以政府产业升级为驱动，如工作室聚集区、文化艺术区。

1947 年，科技园概念从斯坦福大学开始萌发，至 20 世纪 90 年代开始在全球蓬勃发展，发展的主要驱动因素为科技革新、政府扶持及孵化功能完善。从 20 世纪 90 年代开始，世界范围众多国家开始大力发展科技园区，包括银行在内的更多金融机构参与，也有更多地产开发企业进入该领域，形成产学研互动模式。总部基地由传统工业园演变而来，其发展的主要驱动要素为城市化进程、低地价及政府大力扶持。近年来，总部基地逐渐发展形成大型综合社区，出现大型综合型的跨国企业，形成办公、商业、居住、教育、休闲场所的综合功能。文化创意产业概念形成仅有 10 多年历史，但已呈现高速发展态势，其发展的主要驱动要素为文化创意产业自身的发展、旧城改造及居民消费力的提升。从 21 世纪开始，荷兰、丹麦、美国、澳大利亚等国家均开始大力发展文化创意产业园区。随着产业的发展，文化创意园区除了生产型企业以外，更多出现与消费相结合的业态，从而形成更为多元化的园区。

7.1.2　上位产业政策的发展现状及需求

2017 年 7 月 2 日，中共成都市委、成都市人民政府官方发布了《成都市产业发展白皮书》（以下简称白皮书），成都市将紧扣“五中心一枢纽”建设，包括西部经济中心、科技中心、金融中心、文创中心、对外交往中心和综合交通通信枢纽。

1. 构筑高端高质高新现代产业体系

在白皮书中，明确提出了产业发展目标。通过五年的努力，全市基本构建起以技术密集型和知识密集型为核心的高端高质高新现代产业体系，培育产业生态圈、生活服务圈、创新业态圈、企业协作圈，实现三次产业良性互动、融合发展，形成城市功能、城市空间与产业体系协调互哺的发展新格局。

具体而言，培育先进制造业新优势，明确 2017 年，全市制造业主营业务收入突破 1.8 万亿元规模以上工业增加值增速达到 9.2%。到 2022 年，战略性新兴产业增加值占地区生产总值比重达到 20%，先进制造业增加值占工业增加值比重达到 50%，初步建成全国重要的先进制造业城市；打造现代服务业新引擎，明确 2017 年，全市服务业增加值突破 6 980 亿元，社会消费品零售总额增长 10.5%。到 2022 年，生产性服务业增加值占服务业增加值比重升至 57%，初步建成国家服务业核心城市；构筑都市现代农业新高地，明确 2017 年，全市农业总产值突破 899 亿元。到 2022 年，初步建成国家都市现代农业示范城市。

2. 重点产业导则细分为 3 类子项导则、囊括了 37 个重点行业

白皮书专门开辟了成都市重点产业导则章节，该导则细分为“先进制造业”“现代服务业和融合产业”“都市现代农业”三个子项导则，囊括了电子信息、汽车制造、装备制造、生物医药、现代金融等 37 个重点行业，并分别从重点行业的发展定位、发展目标、发展重点、空间布局、发展引导五个维度描绘了引导发展全景。

3. 重点产业园（集聚区）导则实行“五位一体”管理

白皮书该项导则列举了对全市产业发展有较大影响的 66 个重点产业园(集聚区)，每个园区围绕“五位一体”管理制度，即园区城市总体规划、产业招商指导目录、园区设计规划导则、产业引导政务政策和公共服务设施建设规划分别进行了介绍。

例如，坐落在天府新区的鹿溪智谷科技创新和高技术产业服务功能区，其产业生态带沿 50 千米鹿溪河两岸布局，当前重点发展鹿溪智谷核心区、兴隆湖周边片区和紫光小镇共计 33 平方千米区域。将争取布局以军民融合为特点的综合性国家科学中心，以都市现代农业为特色的国家农业科技中心，培育高附加值、高知识人才、高技术含量的高技术服务业。

成都天府国际空港新城，总规划面积约 483 平方千米，其中工业园区 62.3 平方千米，明确了“一带一路”国际合作典范城、全球公民创新创业汇聚区和国家战略性新兴产业集群地的发展定位。到 2022 年，将初步建成“一环一廊一带”的产业空间结构。

4. 成都促进产业发展政策落地

白皮书中成都市促进产业发展政策章节从要素供给角度明晰政府在经济发展上的责任，主要包含了两个国家级试验区（示范区）促进产业发展的政策和市级层面要素供给促进产业发展的政策。其中在要素供给方面，主要涵盖了人才、科技成果转化、知识产权、土地、财政金融、能源、物流 7 个方面。

在促进产业发展的人才政策上，成都可谓力度空前，明确国际顶尖人才团队来成都创新创业给予最高 1 亿元综合资助；对“两院”院士、国家“千人计划”“万人计划”专家等来成都创新创业或做出重大贡献的本土创新型企业家、科技人才，给予最高达 300 万元的资金资助。对市域实体经

济和新经济领域年收入50万元以上的人才，按其贡献给予不超过其年度个人收入5%的奖励；对新引进的急需紧缺专业技术人才和高技能人才，3年内给予每人最高3 000元/月的安家补贴；同时，全日制大学本科及以上毕业生，凭毕业证来成都即可申请办理落户手续。外地大学生来成都应聘，可提供青年人才驿站，7天内免费入住。对毕业5年内在成都创业的大学生，给予最高50万元、最长3年贷款期限和全额贴息支持。

5. 高标准打造天府绿道

按照成都市第十三次党代会的总体战略部署，成都市委市政府决定在全市规划建设“天府绿道”体系，项目不仅是筑巢引凤的重大支撑工程，更是推动成都经济社会发展“举纲张目”的具有战略意义的全局性项目。

2017年4月，范锐平书记在中共成都市第十三次代表大会上提出“全面加强人居环境建设”，要求“高标准打造天府绿道”……重现“绿满蓉城、花重锦官、水润天府”的盛景。

2017年5月，市建委组织编制了环城生态区绿道规划，并形成全域成都天府绿道规划，初步形成“一轴两山三环七道”的整体格局。

2017年5月底，由市建委牵头组织编制“一轴”（即锦江）绿道概念规划，要求6月下旬形成初步方案，7月报市委进行专题审查。

7.1.3　上位产业发展的基础与资源

1. 人口资源众多

成都市位于四川省中部，四川盆地西部，总面积为12 121平方千米，其中耕地面积648万亩。1949年以来，成都市行政辖区几经调整，面积由29.9平方千米扩大到1.21万平方千米，包含11区5市（县级市）4县的格局。截至2015年年末，成都市户籍总人口为1 228.05万人，在全国特大城市中，仅次于重庆、上海和北京，居第四位。其中，城镇人口为698.14万人，县（市）人口为529.91万人；女性人口为617.87万人，男性人口为610.17万人。全市共为475.99万户，平均每户为2.58人，其中，市区平均每户为2.57人。市区人口稠密，每平方千米人口密度达2 140人。

2. 土地资源多样

成都市土地资源有以下特点：

一是土地类型多样。按地貌类型可分为平原、丘陵和山地；按土地利用现状类型可分为耕地、园林地、牧草地等8类。

二是平原面积比重大，达4 971.4平方千米，占全市土地总面积的40.1%，远远高于全国。

三是土地垦殖指数高。可利用面积的比重可达 94.2%，全市平均土地垦殖指数达 38.22%，其中，平原地区高达 60% 以上，远远高于全国和四川省的水平。

3. *水资源丰沛*

成都市降水量丰沛，年均水资源总量为 304.72 亿立方米，其中，地下水 31.58 亿立方米，过境水 184.17 亿立方米。主要特点如下：

一是河网密度大。成都市有岷江、沱江等 12 条干流及几十条支流，河流纵横，沟渠交错，河网密度高达 1.22 公里/平方公里。

二是水质优良，绝大部分指标都符合国家地面水二级标准的要求。

4. *矿产资源丰富*

成都市矿产资源较为丰富。一是种类繁多：目前已探明的有铁、钛、钒、铜、铅、锌、铝、金、银、锶、稀土等金属矿产以及钙芒硝、蛇纹石、石膏、方解石、石灰石、大理石、煤、天然气等非金属矿产资源 60 多种。二是分布相对集中。三是共生矿多。

5. *旅游资源得天独厚*

成都市名胜古迹蜚声中外，加上自然风光绮丽多姿，并具有鲜明的成都特色。一是人文景观多。全市现有人文景观 172 处。二是自然景观全。成都地形地貌复杂多样，山景、洞景、水景、生景、气景俱全。三是旅游资源分布相对集中。现已形成以成都市区为核心的、组合不同、风格各异的都江堰、青城山、宝光寺等 8 个国家、省、市级风景片区和西岭雪山国家级风景名胜区、龙池国家级森林公园、龙门山国家级地质公园和白水河国家自然保护区等。四是旅游地理位置十分优越。成都市正处在全国旅游环的联结点上，还是内地前往西藏的主要通道。

7.1.4　成都市国民经济产业结构分析

2007 年以来，成都市三次产业均保持稳步增长态势（表 7－1－1），其中，第三产业在国民经济中的比重较高，基础较好，且近年来已逐渐超过第二产业，成为成都第一大类产业；而第一产业比例较低。

表 7－1－1　成都市国民经济产业构成数据（2007－2015）

时间	国内生产总值/亿元	第一产业增加值/亿元	第二产业增加值/亿元	第三产业增加值/亿元
2015 年	10 801.16	373.15	4 723.49	5 704.52
2014 年	10 056.59	357.07	4 508.53	5 190.99

续表

时间	国内生产总值/亿元	第一产业增加值/亿元	第二产业增加值/亿元	第三产业增加值/亿元
2013 年	9 108. 89	353. 17	4 181. 49	4 574. 23
2012 年	8 138. 9	348. 1	3 765. 6	4 025. 2
2011 年	6 854. 58	327. 34	3 143. 82	3 383. 42
2010 年	5 551. 3	285. 1	2 480. 9	2 785. 3
2009 年	4 503	267. 77	2 001. 8	2 233. 04
2008 年	3 900. 99	270. 15	1 816. 66	1 814. 17
2007 年	3 324. 17	235. 1	1 504. 02	1 585. 05

近五年来，成都市国民经济产业增加值稳步提升，第二产业和第三产业均有稳步提升，相对来说农业产值近五年来提高不明显（图 7－1－1）。

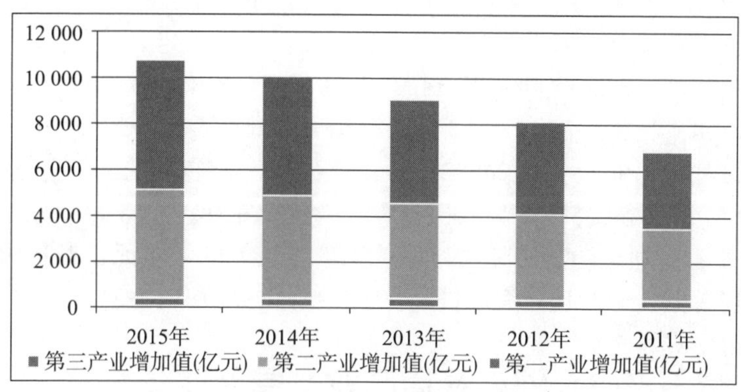

图 7－1－1　成都市国民经济产业结构（2011－2015）

2016 年是实施“十三五”规划开局之年，成都全市实现地区生产总值（GDP）12 170. 2 亿元，按可比价格计算，比上年增长 7. 7%。其中，第一产业实现增加值 474. 9 亿元，增长 4. 0%；第二产业实现增加值 5 232. 0 亿元，增长 6. 7%；第三产业实现增加值 6 463. 3 亿元，增长 9. 0%。按常住人口计算，人均地区生产总值为 76 960 元，增长 6. 2%。第一、第二、第三产业比例关系为 3. 9 : 43. 0 : 53. 1。

工业方面，2016 年全部工业增加值 4 508. 6 亿元，按可比价格计算，比上年增长 6. 9%。规模以上工业增加值增长 7. 4%。规模以上工业中，轻工业增加值增长 1. 7%，重工业增加值增长 10. 5%。规模以上工业企业产品产销率 96.3%。其中，电子信息产品制造业、机械产业、汽车产业、石化产业、食品饮料及烟草产业、冶金产业、建材产业、轻工行业八大特色优势产业完成增加值比上年增长 5.9%。2016 年，规模以上工业企业资产负债率为 56.4%，总资产贡献率为 14.9%。实现利润 742.3 亿元，增长 36.3%；实现利税 1 369.1 亿元，增长 15.5%；企业亏损面 13.2%。

农业方面，2016 年实现农业总产值 841.3 亿元，按可比价格计算，比 2015 年增长 3.9%。其中，种植业 443.1 亿元，增长 5.8%；牧业为 332.4 亿元，增长 0.6%。2016 年，农作物播种面积 88.6 万公顷，比上年减少 1.4 万公顷，其中，粮食播种面积 51.1 万公顷，减少 1.5 万公顷。粮食总产量 290.4 万吨，比 2015 年下降 2%；油料总产量 33.5 万吨，增长 0.2%；肉类总产量 78.4 万吨，下降 2.4%。截至 2016 年年底，年销售收入 500 万元以上的规模企业有 492 个；农业产业化经营带动面为 90%。全市共有农产品名牌 399 个，其中，国家级品牌 30 个，比上年增加 3 个。已认证各类安全优质农产品 1 261 个。新增无公害农产品、绿色和有机农产品认证 36 个。

在分产业和行业来看固定资产投资方面，2016 全年固定资产投资完成 8 370.5 亿元，比 2015 年增长 14.3%。从分产业看，第一产业完成投资 179.4 亿元，增长 172.7%；第二产业完成投资 2 250.1 亿元，增长 39.1%，其中工业投资 2 246.2 亿元，增长 41.0%；第三产业完成投资 5 941.0 亿元，增长 5.3%。分行业看，制造业完成投资 2 061.7 亿元，增长 44.5%；交通运输仓储邮政通信业完成投资 696.4 亿元，增长 10.1%；水利环境公共设施管理业完成投资 993.1 亿元，增长 8.4%。

7.2 锦江绿道产业发展条件分析

7.2.1 上位产业规划布局

2017 年 4 月 25 日，成都市第十三次党代会开幕，勾勒出了这座城市的未来发展蓝图。未来五年，成都市将建设全面体现新发展理念的国家中心城市，打造西部经济中心、西部科技中心、西部金融中心、西部文创中心、西部对外交往中心和综合交通通信枢纽。此外，成都市还将优化拓展城市空间，提升城市宜居性和舒适度，坚持“东进、南拓、西控、北改、中优”格局，促进城市可持续发展。

7.2.1.1　打造国家中心城市

2016年，成都站上中国城市“金字塔”塔尖，被国家赋予了建设“国家中心城市”的使命。今后五年，成都市的工作总目标设定为打造“五中心一枢纽”。具体而言，全方位提升城市能级、全方位变革发展方式、全方位完善治理体系、全方位提升生活品质——成都市的新发展理念具体体现为建设“五个城市”。包含贯彻创新发展理念，建设创新驱动先导城市；贯彻协调发展理念，建设城乡统筹示范城市；贯彻绿色发展理念，建设美丽中国典范城市；贯彻开放发展理念，建设现代化国际城市；贯彻共享发展理念，建设和谐宜居生活城市。其中首提和谐宜居生活城市。基于建设路径，将增强“五中心一枢纽”功能，不仅要增强西部经济中心、西部科技中心、西部金融中心、西部文创中心和西部对外交往中心功能外，还要增强综合交通通信枢纽功能。

7.2.1.2　拓展城市空间

未来五年，成都将优化拓展城市空间，提升城市宜居性和舒适度，构建城镇空间四级城市体系。将构建成都平原经济区、大都市区、区域中心和功能区、产业园区和特色镇四个城市层级，形成分工合理、层次清晰、有机衔接的大都市城市体系。同时，坚持“东进、南拓、西控、北改、中优”，促进城市可持续发展。具体而言，

“东进”，就是沿龙泉山东侧，规划建设天府国际空港新城和现代化产业基地，发展先进制造业和生产性服务业，开辟城市永续发展新空间，打造创新驱动发展新引擎。重点支持汽车制造、航空航天、节能环保、智能制造等产业，积极发展研发设计、检验检测、航空物流等生产性服务业。

“南拓”，就是高标准、高质量建设天府新区和国家自主创新示范区，积极培育高新技术服务业和新经济。发展新一代信息技术、高端装备、生物医药等战略性新兴产业和人工智能等未来产业，加速发展数字经济、生命经济、分享经济、平台经济等新经济，强化国际交往、科技创新、会展博览等城市功能。

“西控”，就是持续优化生态功能空间布局，构建绿色、低碳、可循环的产业体系，提升绿色发展能级，保持生态宜居的现代化田园城市形态。重点支持文化创意、景观农业、休闲运动、康养旅游、绿色食品等产业。

"北改"，就是建设提升北部地区生态屏障，重点聚焦开放型经济布局产业。重点支持国际商贸物流产业，积极发展轨道交通、航空航天、先进材料等产业。

"中优"，就是优化中心城区功能，重点发展生产性服务业和高端生活性服务业，降低开发强度、降低建筑尺度、降低人口密度，提高产业层次，提升城市品质。重点支持金融商务、总部办公、文化创意、现代医疗和都市休闲旅游等产业，促进承载天府文化的特色商贸、文化、教育等生活性服务业精细化、品质化发展。

7.2.1.3　构建 2.5 产业体系

产业是城市经济发展的命脉。未来成都将加快构建具有全球竞争力的产业体系。成都将按照产业发展战略规划和城市功能分区，科学定位 20 个工业园区、10 个工业集中区的产业方向，制定园区产业发展目录和规划建设导则，推动优势产业、优秀企业向特色园区集中，引导优质资源配置向特色园区倾斜。培育一批本土企业进入中国 500 强和民企 500 强和行业领军企业，同时，成都还将顺应产业跨界融合趋势，发展研发、设计和营销、结算、物流等 2.5 产业。未来，成都还将被打造成为"非遗之都""音乐之都""设计之都"和"会展之都"，优化文创产业空间布局，构建文创产业集聚区和文创产业带，打造一批重点文创产业园区和文创特色街区。优先发展现代新兴文化业态，推进传统文创产业转型升级，构建以音乐、文博、设计、动漫、影视等为重点的现代文创产业体系。

7.2.2　农业产业规划分析

7.2.2.1　农业产业发展基础

农业是国民经济中一个重要产业部门，是指以土地资源为生产对象的部门，其通过培育动植物产品从而生产食品及工业原料的产业。农业属于第一产业。利用土地资源进行种植生产的部门是种植业；利用土地上水域空间进行水产养殖的是水产业，又叫渔业；利用土地资源培育采伐林木的部门，是林业；利用土地资源培育或者直接利用草地发展畜牧的是畜牧业。对这些产品进行小规模加工或者制作的是副业，它们都是农业的有机组成部分。对这些景观或者所在地域资源进行开发并展示的是观光农业，又称休闲农业，这是新时期随着人们的业余时间富余而产生的新型农业形式。广义农业是指包括种植业、林业、畜牧业、渔业、副业五种产业形式；狭义农业是指种植业。包括生产粮食作物、经济作物、饲料作物和绿肥等农作物的生产活动。

绿色农业是一种农业生产经营方式。中国加入世界贸易组织（WTO）后，国际市场对农产品的高品位、高质量、优品种和无毒无害无污染农产品的要求使得中国必须走绿色农业发展之路。为了切实与世界农业的发展接轨，用符合经济和环境发展的绿色农业提升中国农业的优势，为此，立足我国国情，提出以生产并加工销售绿色食品为轴心的农业生产经营方式，即绿色农业。绿色农业是广义的“大农业”，包括绿色动植物农业、白色农业、蓝色农业、黑色农业、菌类农业、设施农业、园艺农业、观光农业、环保农业、信息农业等。绿色农业不是传统农业的回归，也不是对生态农业、有机农业、自然农业等各种类型农业的否定，而是避免各类农业种种弊端后，取长补短，内涵丰富的一种新型农业。

中共十三届三中全会提出了“发展现代农业，必须按照高产、优质、搞笑、生态、安全的要求，加快转变农业发展方式，推进农业科技进步和创新，加强农业物质技术装备，健全农业产业体系，提高土地产出率、资源利用率、劳动生产率，增强农业抗风险能力、国际竞争能力、可持续发展能力”的总体要求。

成都市人民政府在以发展新理念为引领加快农业现代化高标准全面建成小康的意见中指出，“十三五”时期是全面建成小康社会的决胜阶段，也是加快农业现代化的关键时期。全市农业农村工作要围绕建设国家中心城市，始终坚持“创新、协调、绿色、开放、共享”五大发展理念，坚持都市现代农业定位，坚持农村三生（生产、生活、生态）统筹改善、三产融合发展，实施转型升级发展战略，以“服务城市、繁荣农村、富裕农民”为出发点和落脚点，以“适度规模化、三产融合化、农村景观化、农民职业化”为发展方向，以打造“创新高效、标准品牌、生态安全、开放合作、幸福共享”五大新型农业为发展重点，以建设“现代农业示范园区+‘小组微生’幸福美丽新村”“农业科技园区+特色小镇”为发展载体，打造田园综合体，提升农业组织化、品牌化、资本化水平，增强农业基础性、战略性、生态性功能，促进农业发展方式向集约式、经济型、现代化转变，加快建设国家都市现代农业示范城市，努力打造统筹城乡升级版，实现农业更强、农民更富、农村更美。

7.2.2.2 农业产业发展现状

都市农业是伴随着城市化的发展而出现的，都市农业投资较大，投资周期也较长，因此，都市农业的发展对经济发展的程度有很高要求。2015年，成都市实现国内生产总值10 801.16亿元，比上年增长7.4%；进出口总额为392.75亿美元，地方财政收入为3 078.96亿元；完成固定资产投资7 006.97亿元，比上年增长5.8%，实现社会消费品零售总额4 946.2亿元。

在确保2017年实现“两率先、两倍增”（在中西部地区率先实现全面小康、率先基本实现农业现代化，农业高端产业倍增、农民人均可支配收入倍增）目标的基础上，到2020年，农村基本经济制度、农业支持保护制度、农村社会治理制度、城乡发展一体化体制机制进一步完善，农业现代化水平、新农村建设水平、农民收入水平明显提高，高标准全面建成小康。力争全市农业增加值较2010年增长一倍，农民人均可支配收入较2010年增长两倍，全域基本建成幸福美丽新村。

成都市科技实力雄厚，已成为中西部综合实力最强城市，国家四大科教城市之一。成都现有各类人才总量已近200万人，其中：专业技术人才79.86万人，经营管理人才14.32万人，技能人才57.07万人，农村实用人才38.02万人。全市共有重点实验室152个（其中，国家级重点实验室有10个）。在都市农业发展方面有四川省农科院、四川大学、四川农业大学等科研单位提供科技支持，具有极强的技术能力和综合优势。

7.2.2.3 成都市现代农业发展中存在的问题

1. 耕地资源不足

都市农业本质上还是农业，发展农业始终离不开耕地资源，但是由于城市的扩张和城市人口的加剧，成都市耕地资源日渐短缺，人均耕地资源也呈逐年下降趋势，人均耕地面积从2006年的0.032 56公顷/人下降到2010年0.029 37公顷/人，远低于全国的人均耕地面积平均水平0.091公顷/人。造成这方面的原因有以下两点：第一，是城市的持续扩张。成都地区耕地面积本来就很有限，后备耕地资源也严重不足，因为成都地区大多为平原地形，除了建筑用地，能做耕地的早已经开垦出来；第二，成都的人口基数本来就大，常住人口数量居副省级城市首位，再加上农村镇郊地带人口的大量涌入，因此成都市的人口还在不断增长。

2. 都市农业从业人员素质偏低

我国大部分农村地区，由于教育水平的落后，人口素质普遍偏低。成都市也面临同样的问题。首先，没有经过太多教育或者专业化培训的农业生产者在生产过程中难以接受及应用现代化的农业科技，这样使得都市农业的发展受到科技限制；其次，四川是一个劳动力的输出大省，成都市的农村地区，多数的青壮年涌入城市务工赚钱，留守的基本是进行农业生产能力有限的老人和小孩。农业从业人员素质偏低，并且还在持续减少。这些情况非常不利于都市农业的稳步发展。

3. 农业产业化水平低

人多地少的问题在人口大国中国早已经存在，在成都地区表现尤为突出。成都地区人均耕地面积仅为0.08公顷，单个农业生产者拥有的土地非常有限。还有，由于历史传承上形成的土地分割，致使成都地区的农业都是粗放式和小规模的耕作经营，目前，还没有较大影响力的农业龙头企业带头建立有明确分工的农业产业链条，缺乏农产品生产—加工—销售的成熟市场体系，农业的集约化和产业化水平还非常低下。

7.2.3　电子信息产业规划分析

7.2.3.1　电子信息产业发展基础

电子信息制造业（电子产业）是研制和生产电子设备及各种电子元件、器件、仪器、仪表的工业，是军民结合型工业。由广播电视设备、通信导航设备、雷达设备、电子计算机、电子元器件、电子仪器仪表和其他电子专用设备等生产行业组成。根据工信部电子信息产业公报统计，电子信息产业分为电子信息制造业、软件与信息技术服务业。

2015年11月，新华社授权发布《中共中央关于制定国民经济和社会发展第十三个五年规划的建议》，在该建议中着重强调了电子信息产业的发展。2016年3月，国务院发布《中国国民经济和社会发展“十三五”规划纲要》，该纲要提出了“超前布局下一代互联网”《布局未来网络结构》等未来构想。2016年7月，国务院发布《“十三五”国家科技创新规划》，提出了发展自然人机交互技术、构建智能交互的理论体系等具体实施措施和领域。

2017年2月，成都市发布政策，确定将电子信息产业打造成全市首个万亿级产业集群。2017年7月，成都市发布《成都市产业发展白皮书》，提出“通过电子信息制造业与软件产业共同推动电子信息产业实现跨越发展，打造全球电子信息先进制造基地和世界软件名城”。

7.2.3.2　电子信息产业发展现状

成都市一直都是西南地区最重要集成电路产业集聚区，其发展源于建国初期，承担了不少国家重大军工基础的专项建设，成为国内最早的重要电子信息产业基地，近年来又得到加速发展，进一步夯实了成都市集成电路产业的基础。

成都市以高新区为集成电路产业发展核心区，以双流区和天府新区为集成电路产业发展重点园区，结合全市各区特色及优势，全面覆盖集成电路设计、制造、封测、设备及材料等全产业链环节。

经过多年的发展，成都市已经汇聚了一大批产业链各环节的龙头及优秀企业，除了引进英特尔、华为、德州仪器、恩智浦、格罗方德等全球知名科技领军企业外，还有中国电子、中国电科等大型央企入驻。此外，成都市还培育了像振芯科技、海威华芯等颇具本地特色的企业。

据统计，中西部地区近年来在集成电路产业营收规模全国占比已从2012 年的 10% 上升至目前的 15%，尤其是成都作为中国西南集成电路产业腹地，为中西部地区的集成电路产业发展贡献了巨大力量。

2015 年，成都市电子信息产业主营业务收入超过 5 000 亿元，到 2020 年，成都市电子信息产业规模将力争达到 10 000 亿元，成为首个上万亿规模的工业产业。

图 7－2－1 所示为成都市高新技术产业开发区电子工业 2011—2015 年每年的总产值。图 7－2－2 所示为成都市 2017 年 3～6 月电子工业固定资产投资额度。

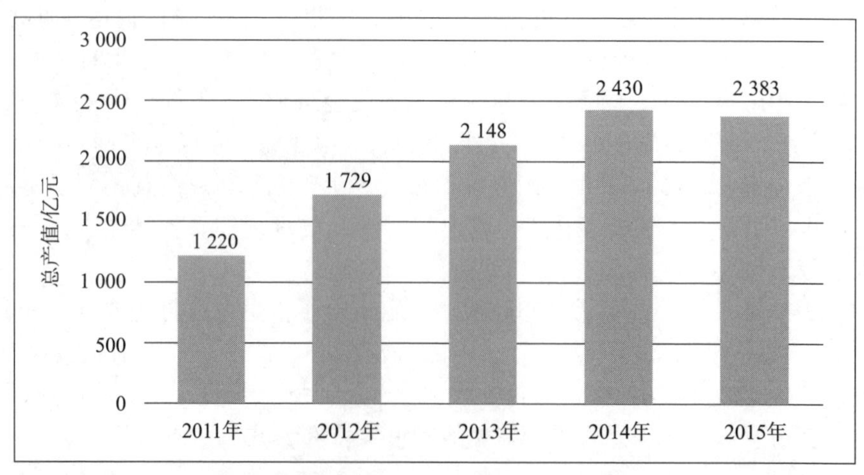

图 7－2－1　成都高新技术产业开发区电子工业总产值（2011－2015 年）

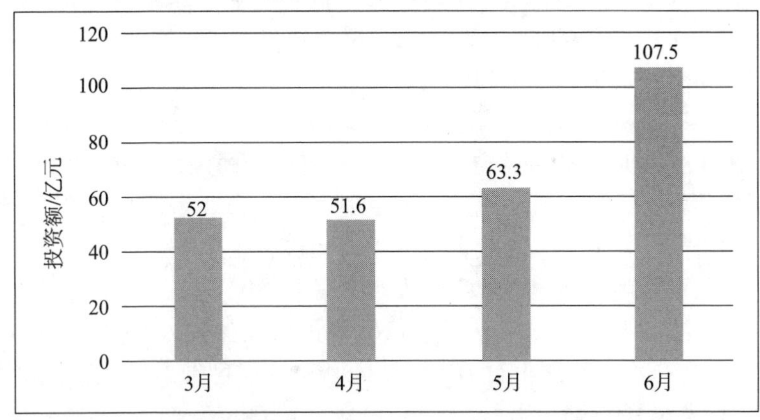

图 7－2－2　成都市 2017 年 3～6 月电子工业固定资产投资额度

7.2.4　航空产业规划分析

7.2.4.1　航空产业发展基础

航空业主要包括航空器制造、航空器运营两大主要子行业。其中，航空制造业主要包括飞机制造、直升机制造、发动机制造等细分领域。航空器运营业务主要包括商业航空、通用航空、军用航空三大领域。航空业还包括为上述各领域提供设备生产和服务支持的机载设备研制、检测、维修行业。

2010 年 11 月，国务院、中央军委印发《关于深化我国低空空域管理改革的意见》。2013 年 11 月，中国人民解放军总参谋部、中国民用航空局出台了《通用航空飞行任务审批与管理规定》，12 月国家又放松了私人飞行牌照的考核标准，2014 年 2 月又下放或者取消多项与通航相关的行政审批权，“低空开放”稳步推进。2016 年 5 月，国务院办公厅下发了《关于促进通用航空业发展的指导意见》。

2017 年 6 月 8 日，成都市人民政府发布《促进成都航空货运发展的扶持政策》。2017 年 7 月 25 日，成都市经济和信息化委员会航空与燃机产业发展推进小组印发《成都市通用航空产业三年行动计划》。

7.2.4.2　航空制造业产业发展现状

航空航天产业作为高端工业产业代表，成都市航空航天产业的整体水平、凝聚力、影响力均名列前茅，初步建立起较为完整的产业体系，形成飞机整机及大部件研制、航空电子产品研制、航空维修等方面的能力，是国家确定的民用航空高技术基地和重要歼击机研发制造基地。

成都市将积极推动军用和民用技术双向转化，提升基础研究及核心研发能力。突破整机和单元体自主设计、试验、制造和修理，突破低空空域相关技术等，同时，围绕航空大部件产业集群、民用航空电子产业研发、制造基地等目标，以成飞、成发、中电科等龙头企业为核心，吸引全产业链的国内外知名航空航天产业企业落地，促进骨干企业及中小企业协同发展，打造具有国际影响力的航空航天产业集群。

2015 年，规模以上航空航天企业实现主营业务收入 55.8 亿元，同比增长 36.4%，工业增加值同比增长 34.9%，利润 4.3 亿元，同比增长 7.5%，利税 6.1 亿元，同比增长 24.49%，保持高速增长，拥有企事业单位 52 户，其中，规模以上工业企业 28 户。航空制造业作为制造业的重要一环可以用来衡量制造业的先进程度，在这里使用机械制造产业来表示航空制造业。如图 7－2－3 所示，代表 2017 年 3～6 月成都市机械工业固定资产投资额度变化趋势图，可见成都市部分机械工业固定资产投资额度保持稳固上升的趋势。

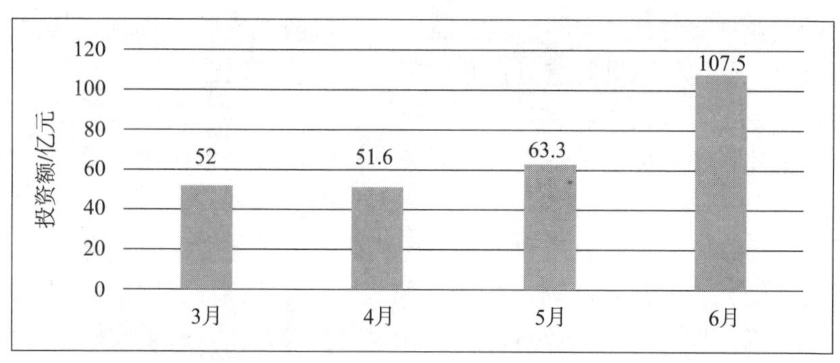

图 7－2－3　2017 年 3～6 月成都市机械工业固定资产投资额度

7.2.5　核技术产业规划分析

7.2.5.1　核技术产业发展基础

天然放射性核裂变的发现使世界进入原子能时代，并开始有了核工业。原子核的裂变和聚变及各种核反应可以产生各种粒子射线，并用来研究各种物质的特性和应用于能源、材料，信息、空间以及环境等领域高新技术的发展。通过这些技术而制造产能的行业则被称为核技术产业。

2016年11月29日，国务院印发《“十三五”国家战略性新兴产业发展规划》，其中着重强调将核技术领域等一批战略性产业打造成未来发展新优势，特别提出了加快开发新一代核能装备系统，发展非核动力技术等未来发展方向。

2006年7月25日，成都市航空航天与核能产业推进办公室推行了一份《有关成都民用核技术产业发展的五年规划》，其首次规划了民用核技术产业发展，重点发展六大民用核技术。

2011年5月20日，成都市举办了第五届中国核电装备制造国际峰会，峰会决定，成都市将以发展核能装备产业为重点，引导和培育辐射、核医学等带动性强的非动力核技术应用产业，打造核技术应用产业集群。

2017年1月11日，四川省与中核集团共同发起的四川核技术制造业创新中心在成都正式揭牌，该创新中心由中核集团中国核动力研究设计院牵头，联合45家在川涉核企业共同参与。

7.2.5.2　核技术产业发展现状

从20世纪60年代开始，一大批三线核研究单位就开始陆续内迁入四川省。经过五十几年的建设和发展，现在成都市及周边在核电产业方面，在全国已形成了突出的综合性优势，占有中国核工业的“半壁江山”。成都有完整的核工业体系。拥有中国工程物理研究院、中国核动力设计研究院、核工业西南物理研究院、四川省原子核应用技术研究院、四川省农科院生物技术核技术研究院、四川大学原子核科学技术研究院、成都理工大学应用核技术与自动化学院等一批研究院所和高校，具有全国一流的核技术研发和设计实力。成都市已经具备较强的核技术成果产业化能力以及拥有大批一流核技术人才。

同时，四川省作为我国首屈一指的核电产业大省，是国家最重要的军用核技术与民用核能、核技术应用产业基地，是国家唯一拥有包括基础科研、工程设计与实验、核燃料元件、关键设备及核安全级仪控系统研发、制造、安装、调试、退役完整核能和核技术应用产业链的区域，拥有科研单位、高等院校、制造企业等数十家，在核技术领域有着独特的人才、技术和产业优势。

2015年，成都市核技术及新能源业实现总产值为47.7亿元，同比增长1.5%，拥有几十家核技术企业及研究院。核技术产业因属于高端装备制造业，所以将其划拨到机械工业中。

7.2.6　服务产业规划分析

7.2.6.1　服务产业发展基础

服务业包括软件和信息技术服务业，信息传输、仓储和邮政业，租赁业，科学研究和技术服务业，金融业，水利、环境和公共设施管理业，居民服务、修理和其他服务业，教育，卫生和社会工作，文化、体育和娱乐业，公共管理、交通运输、社会保障和社会组织，农、林、牧、渔业中的农、林、牧、渔服务业，采矿业中的开采辅助活动，制造业中的金属制品、机械和设备修理业，住宿和餐饮业，国际组织等。

现代服务业是国民经济的重要组成部分，也是现代产业体系的重要内容，发达的服务业能推进结构转型升级，为经济中高速增长提供重要的动力和支撑，也是我们国家全面建成小康社会的重要保障。

中共十八届五中全会通过的《中共中央关于制定国民经济和社会发展的第十三个五年规划建议稿》对现代服务业的发展问题非常重视，第一次提出开展加快发展现代服务业行动，还提出要放宽市场准入，促进服务业优质高效发展，推动生产型服务业向专业化和价值链高端延伸，生活型服务业性精细和高品质转变，制造业由生产型向生产服务型转变，这些意见为国家“十三五”时期加快服务业转型发展，开创现代服务业发展的新格局指明了方向和思路，是“十三五”时期国家发展现代服务业的行动纲领和指南。

成都市服务业发展“十三五”规划（以下简称《规划》）已审议通过并批复实施。《规划》明确提出，到 2020 年，成都市服务业增加值达到 10 020亿元左右。

《规划》指出，“十三五”期间成都将着力深化服务业供给侧结构性改革，推动生产性服务业向专业化和价值链高端延伸，生活性服务业向精细化和高品质转变等，从服务业规模再上台阶、质量和效益持续提高、结构和功能明显优化、创新发展动力增强、国际化水平显著提升等方面提出了成都市服务业发展“十三五”时期的具体目标。

一是服务业规模再上台阶。服务业规模占比持续稳定增长，总量在中西部居于领先水平。“十三五”期间，服务业增加值年均增速保持在 8.1%左右，到 2020 年，服务业增加值达到 10 020 亿元左右，占全市 GDP 的比重达到 53.3%。

二是质量和效益持续提高。随着服务业对经济社会发展做出的贡献不断增大，服务业成为经济增长的主要动力来源。“十三五”期间，服务业对经济增长的贡献率达到56%；到2020年，服务业从业人数占全社会从业人数比重达到60%左右。

三是结构和功能明显优化。服务业内部结构更加优化，服务半径快速延伸，核心功能逐步增强。生产性服务业高端化、现代化、信息化发展，生活性服务业品质全面提升。到2020年，生产性服务业增加值占服务业增加值比重的50%左右，社会消费品零售总额达到9 000亿元左右。

四是创新发展动力增强。科技创新成为服务业发展重要驱动力，产业技术水平和组织效率快速提升，要素投入报酬明显提高，形成技术、管理、智力等高端要素投入推动的发展模式。到2020年，互联网普及率超过90%，服务业劳动生产率达到16万元/人。

五是国际化水平显著提高。服务业对外开放领域和范围进一步扩大，服务业国际化水平引领中西部，信息服务、交通运输、文化旅游等优势产业在国际竞争中占据一席之地。到2020年，全市进出口总额年均增长6.5%，实现服务贸易进出口总额超过180亿美元，服务业实际利用外资年均增长率达到10%，国际（地区）航线超过100条，入境游客达480万人次。

7.2.6.2　服务产业发展现状

首先，从交通枢纽发展角度来看，成都作为西部地区的中心城市，拥有承接东部、辐射西部、连结内陆的独特区位优势，成都铁路四通八达，国际、国内航空运输十分便捷，是我国中西部地区唯一一个每天都有航班飞往欧美国家主要城市的航空港。

其次，从金融业发展地位来看，近年来，成都市金融业发展飞速，金融机构的数量、种类日益增多，业务范围逐渐扩大，业务量迅速上升。

再次，在商贸发展方面，成都是西部城市中世界零售250强进入最多的城市，目前有15家。社会消费品零售总额连续六年增长15%，2008年达到了6 200亿，在副省级城市中排在第五位，落后于广州、深圳、武汉、南京。2008年，消费价格指数为104.3，在各副省级城市中上涨最小。餐饮业发达程度西部第一，涌现了一批知名川菜品牌企业。成都市已逐步具备西部商贸中心城市的地位的规模。

一直以来，成都市有着浓厚的商品经营氛围、浓郁的商业文化传统和悠久的商业发展历史，同时，成都在西部各城市中具有良好的融资和信用基础，无论是在资金汇聚量和金融机构数量方面，还是在融资规模和资金回笼率等方面，都在西部地区位居前列。

成都市已具备相对完善的交通通信基础设施。此外，其也是全国九大邮政通信处理中心之一、七大通信交换中心和西南地区计算机互联网中心，快速便捷的通信设施条件正使成都成为我国西南地区重要的信息交流中心城市。成都市的科技研发实力雄厚，具有一批技术基础设施先进、科技水平高、开发实力强的科研基地，科研开发机构、试验示范基地以及著名大学和社会科学研究机构。

成都市在2007—2015年的服务业占GDP比率见图7－2－4，社会消费品零售总额见图7－2－5。

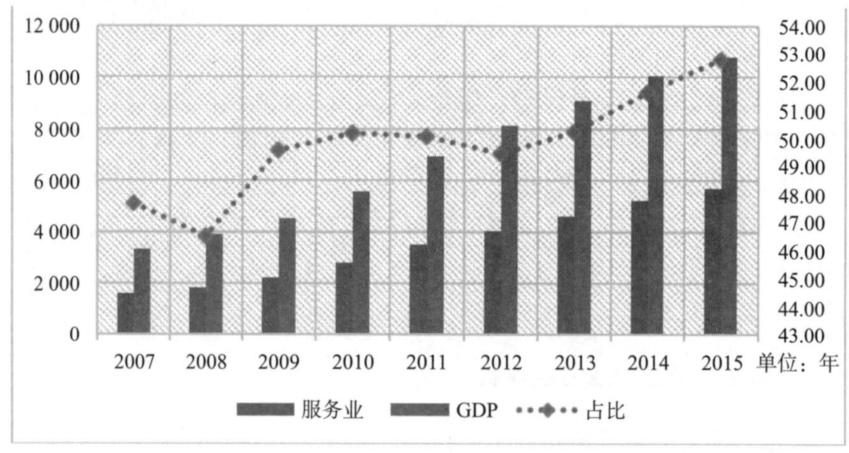

图7－2－4　服务业占GDP比率（亿元）

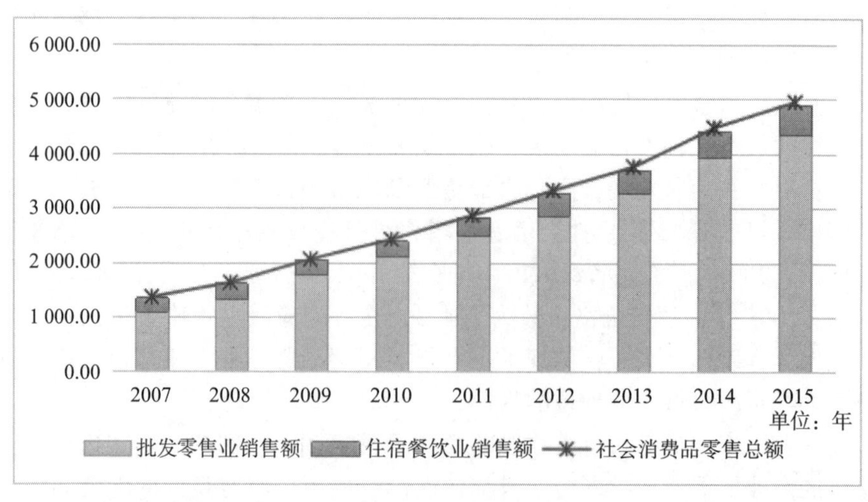

图7－2－5　社会消费品零售总额（亿元）

成都市在2007—2014年的批发零售住宿餐饮法人个数见图7-2-6，从业人数见图7-2-7，企业资产合计见图7-2-8，利润合计见图7-2-9。

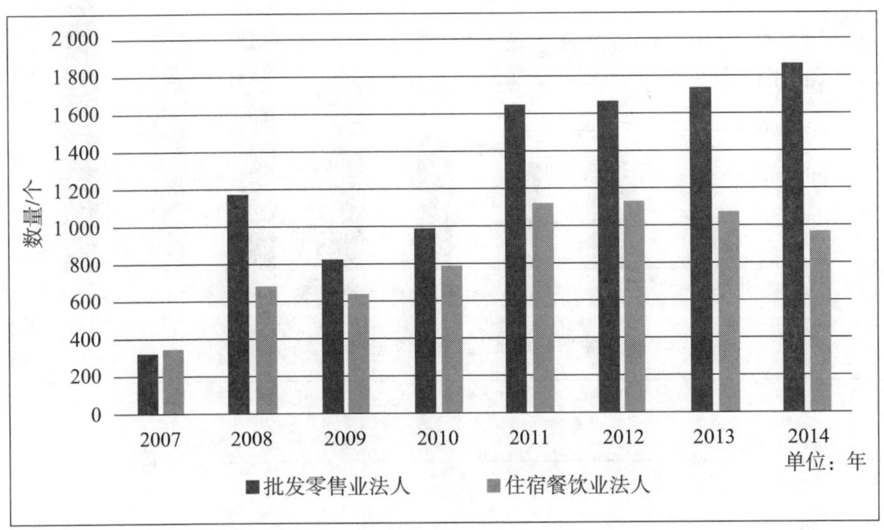

图7-2-6　批发零售住宿餐饮法人统计表

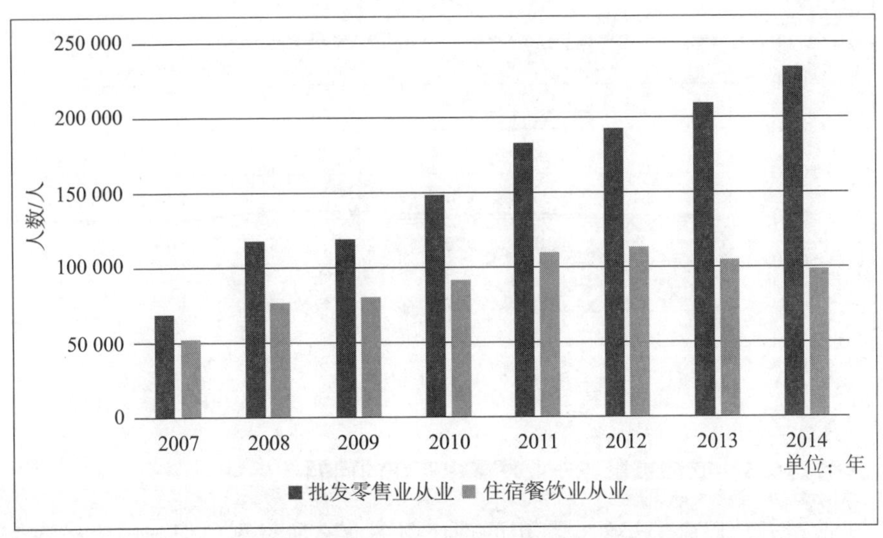

图7-2-7　批发零售业及住宿餐饮从业人数统计表

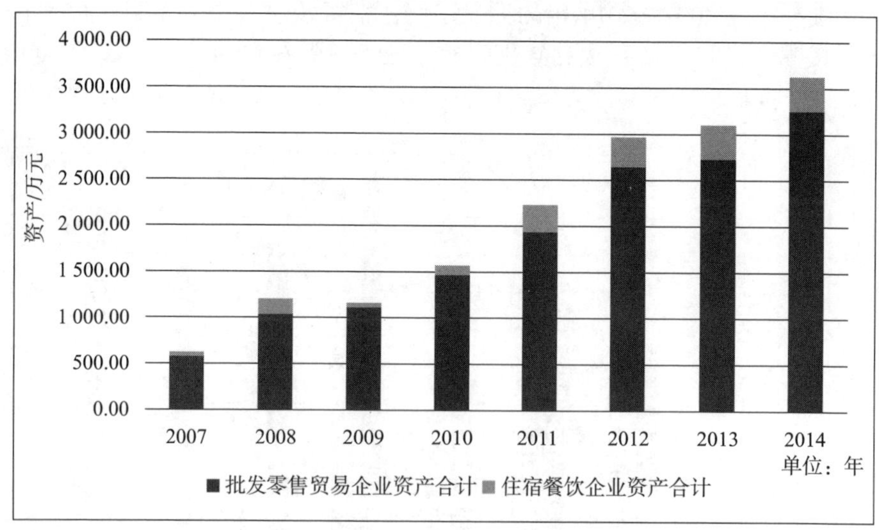

图 7－2－8　企业资产统计表

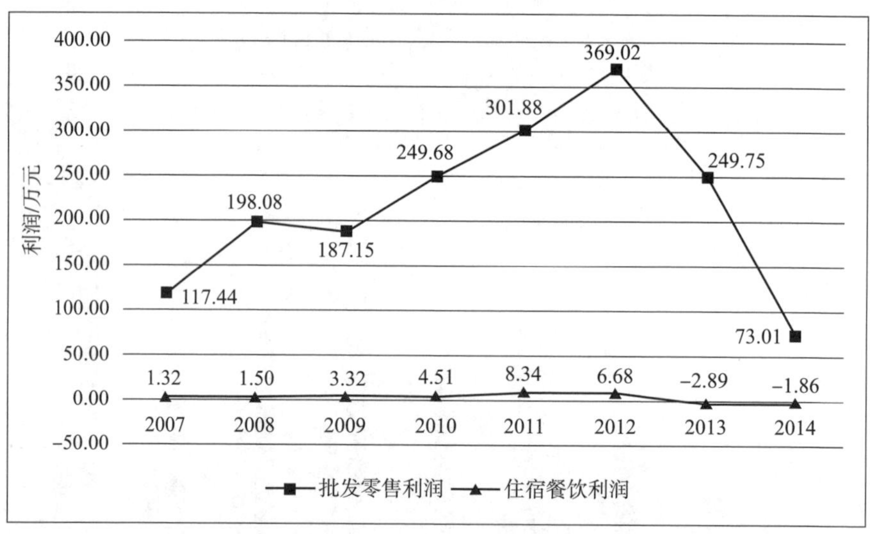

图 7－2－9　利润统计表

7. 2. 6. 3　成都市服务产业发展中存在的问题

改革开放以来，虽然成都市的现代服务业有所发展，但与国民经济整体发展和人民生活日益提高的需求相比，仍面临着一系列的问题，具体表现在以下 4 个方面：

1. 低端服务业发达，高端服务业弱小

成都市的传统服务业占据主导地位，而现代服务业发展滞后。成都主要以传统服务业为主，当前发展较好的一些产业大多数属于传统的商贸流通业，如批发零售业、餐饮业等。这些产业的科技含量和附加值都不高。

2. 成都西部中心地位面临重庆的挑战，高端服务业发展外部竞争压力大

虽然成都市在我国西部城市中处于中心地位，但由于其地处内陆，不沿边，不沿江，不沿海，因此相对而言，处于不利的地理位置。这种处境在一定程度上影响着其自身的经济的发展，而对发展金融、科技服务等高端服务业而言，区位的劣势不仅加剧了区域内城市对有限市场资源的争夺，如目前，绵阳市正在积极努力建设成为我国的科技城，并将其自身定位为在建设西部经济发展高地中率先发展，也使其面临着来自周边城市的竞争，如重庆市。重庆市的城市发展定位是国家历史文化名城、我国重要的中心城市之一、国家重要的现代制造业基地、长江上游地区经济中心和我国西南地区综合交通枢纽。重庆市的日益发展使成都市作为区域中心城市的地位受到影响，成都市现代服务业在西部区域市场辐射的范围和力度都面临着巨大的挑战和竞争。

3. 现代服务业的产业集聚未能形成，缺乏竞争力

成都市现代服务业发展的空间布局规划滞后，各产业间的地域分工不明晰，空间资源开发处于无序状态。成都市中心城区的大多数服务行业处于自发增长阶段，服务业集聚度低，集聚经济素质不高。

4. 现代服务业的知识性、专业性人才不足

现代服务业是知识密集型和专业性很强的行业，人才起着至关重要的作用。目前，成都市高层次人才特别是金融业、物流业、科技信息服务业等高端服务业方面的专业人才较少，尤其是缺乏善于经营管理的高级管理人才和具有娴熟专业技能的技术性人才以及具有国际前沿水平的高级专家等。在高层次人才密度和人才比重方面，成都市与部分副省级城市及东部发达城市还存在一定差距。

7.2.7　旅游产业规划分析

7.2.7.1　旅游产业发展基础

旅游业是以旅游资源为凭借、以旅游设施为条件，向旅游者提供旅

行游览服务的行业。旅游业又称无烟工业、无形贸易。狭义的旅游业，在中国主要指旅行社、旅游饭店、旅游车船公司以及专门从事旅游商品买卖的旅游商业等行业。广义的旅游业，除专门从事旅游业务的部门以外，还包括与旅游相关的各行各业。旅行游览活动作为一种新型的高级的社会消费形式，往往是把物质生活消费和文化生活消费有机地结合起来的。

旅游产业结构是指旅游业中构成以旅行社、饭店、餐饮、交通运输、旅游景点为核心的旅游业内部各大行业间的经济技术联系与比例关系，也称为“旅游业的内部行业结构”，也就是以食、住、行、游、购、娱为核心要素的旅游业内部各大行业间的经济技术联系与比例关系。

旅游产业价值链定义为旅游产品从供应到最终消费的一系列传递的过程，一般由旅游产品供应商、旅游中间商及旅游消费者组成。旅游价值链传递的过程也就是旅游产品不断增值的过程。在这条价值链中，不同层次的旅游企业通过其职能分化和专业优势为旅游产品注入价值，最终使旅游产品实现价值增值。

(1) 旅游产品供应商包括旅游产业的六个子行业，即“食、住、行、游、购、娱”旅游六大要素。它们提供的产品一般称为旅游个别产品或中间产品，需要经过旅游中间商组合才形成最终产品。

(2) 旅游批发商是指专门从事各种旅游产品的组合，然后通过零售商网络或直接向公众推销的旅行社。旅游批发商的营业收入主要包括从各种交通公司和旅游景点得到的代理佣金、饭店订房差价等。

(3) 旅游零售商、代理商是指直接向消费者出售各种旅游线路、酒店、机票和火车票等旅游产品的旅行社、订房中心、票务中心等。我国旅行社的垂直分工不太清晰，很多旅行社集批发商、代理商、零售商和导游多种角色于一身。

(4) 客源地旅游消费者处于旅游价值链的末端，他们作为旅游产品价值的接受者，对旅游价值链的构成具有重要的作用。

改革开放以来，我国实现了从旅游短缺型国家到旅游大国的历史性跨越。“十三五”期间，旅游业全面融入国家战略体系，走向国民经济建设的前沿，成为国民经济战略性支柱产业。2015 年，旅游业对国民经济的综合贡献度达到 10.8%。国内旅游、入境旅游、出境旅游全面繁荣发展，已成为世界第一大出境旅游客源国和全球第四大入境旅游接待国。旅游业成为社会投资热点和综合性大产业。国家旅游局将 2015 年确定为“丝绸之路旅游年”，是旅游行业贯彻落实“一带一路”倡议的重要举措。旅游业作为开放性、综合性产业，在“一带一路”倡议中具有先联先通的独特优势，应当主动作为，先动先行，努力实现“互联互通，旅游先通”。2016年10月14日，成都市人民政府办公厅印发了《成都市促进旅游业改革发展若干政策措施》。

7.2.7.2　旅游产业发展现状

2016年，成都旅游经济运行平稳，全面完成全年各项目标，实现旅游总人次和旅游总收入双增长，规模效益再创新高。据统计，全市全年接待游客总人数突破2亿人次，达2.003亿人次，同比增长4.68%。其中，接待国内游客1.98亿人次，同比增长4.52%；接待入境游客272.31万人次，同比增长17.78%。实现旅游总收入突破2 500亿元大关，达2 502.25亿元，同比增长22.65%。其中，国内旅游收入达2 425.58亿元，同比增长22.10%；旅游外汇收入12.42亿美元，同比增长15.77%。近5年，成都市旅游业4大核心指标发展均呈稳步上升之态，具体情况如图7－2－10～图7－2－13所示。

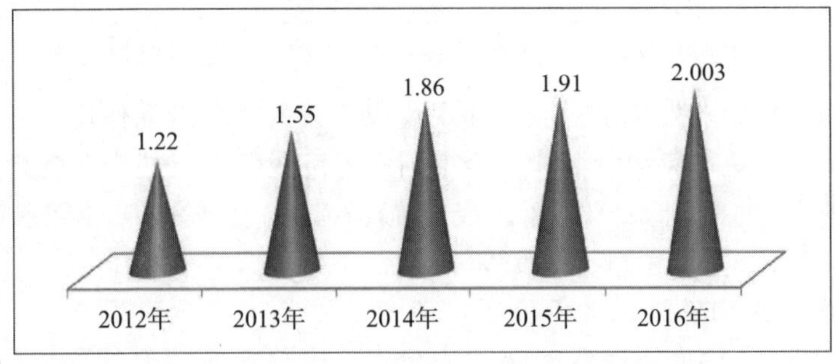

图7－2－10　2012—2016年成都市接待旅游总人数情况/亿人次

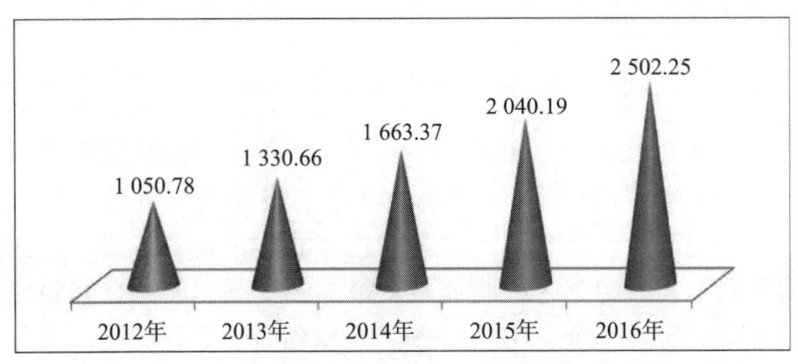

图7－2－11　2012—2016年成都市实现旅游总收入情况/亿元

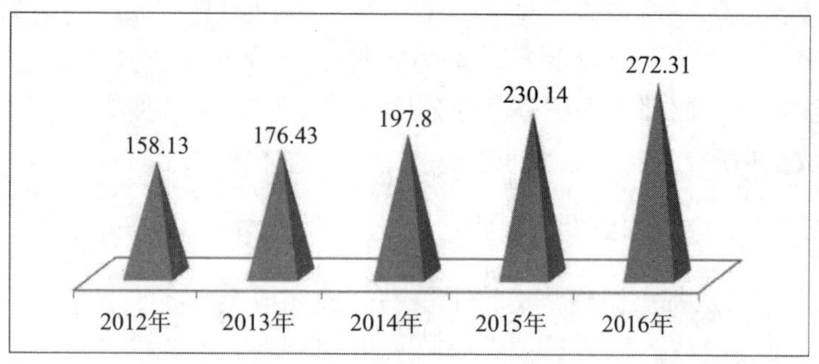

图 7－2－12　2012—2016 年成都市接待入境游客人数情况/万人次

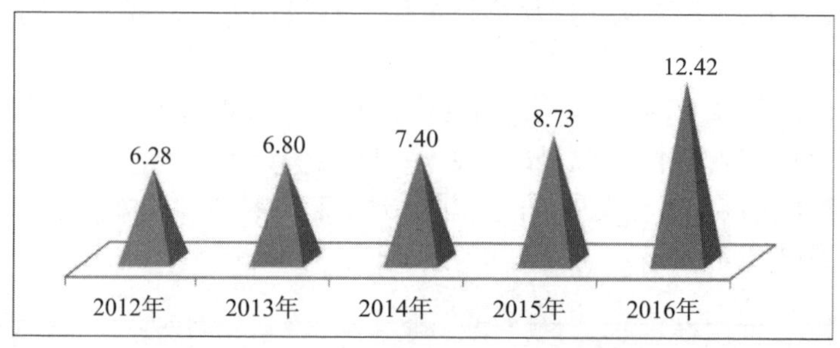

图 7－2－13　2012—2016 年成都市实现旅游外汇收入情况/亿美元

成都市旅游业发挥了对经济和现代服务业的综合带动作用，对国民经济的发展贡献更加突出，其作为全市国民经济战略性支柱产业的地位得到进一步巩固和提升。2016 年，成都旅游业实现增加值再创新高，达 1 169.44 亿元，同比增长 18.98%，比上年提高 7.48 个百分点；占全市 GDP 比重的 9.61%，比上年提高 0.51 个百分点；占全市第三产业增加值比重 18.09%，比上年提高 0.86 个百分点；旅游业对 GDP 的直接贡献率为 13.63%，比上年提高 0.02 个百分点。2012—2016 年，成都市旅游业增加值及占比变化情况如图 7－2－14 和图 7－2－15 所示。

7.2.7.3　成都市旅游产业发展中存在的问题

一是旅游配套设施有待完善。2016 年，成都市加强建设完善旅游配套设施，但功能匹配度仍然不够、支撑力不足，还不能全面满足游客多元化的服务需求。随着游客自驾游、散客化趋势的快速发展，我市旅游集散换乘、自驾游营地、旅游景区厕所数量、旅游停车场、旅游住宿设施等基础设施数量不够、布点不全、功能不齐，为游客提供服务的能力不足，导致旅游旺季的时候常出现游客排长队如厕、无处停车、无留宿点等困扰，降低了游客满意度。

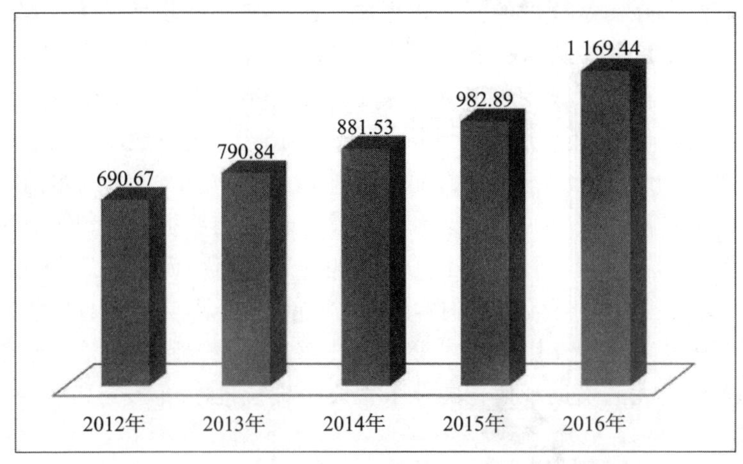

图 7－2－14　2012—2016 年成都市旅游业增加值情况

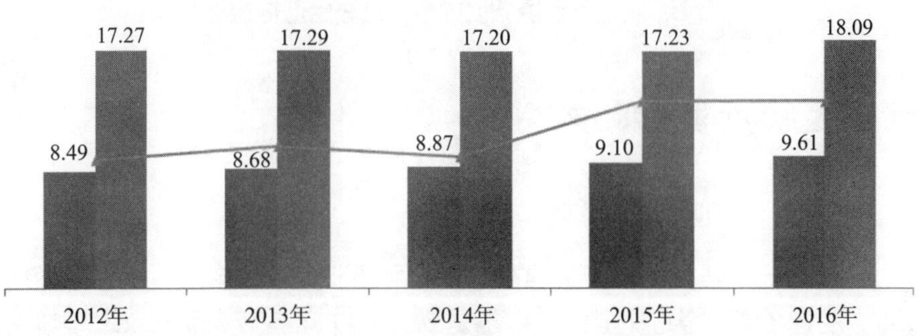

图 7－2－15　2012—2016 年旅游业增加值占 GDP 比重及贡献率

二是境外精准营销有待加强。近几年，成都市入境游客的客源地相对比较固定，主要集中在中国香港、中国台湾、美国、英国、日本、韩国、马来西亚、新加坡、泰国等国家/地区。2016 年，成都市采取了多样化的境外旅游营销方式，入境游客接待量增幅达 17.78%，新增了印度尼西亚、印度、俄罗斯、西班牙、瑞士、瑞典、巴基斯坦、新西兰等国家的游客，但仍需拓宽营销范围，促进成都市旅游国际化水平的提升。

三是旅游消费结构有待优化。据统计，2016 年，来成都市的国内游客人均花费 1 227.7 元，远低于杭州（1 725.1 元）、南京（1 671.9 元）、哈尔滨（1 464.8 元）、长春（1 981.5 元）等副省级城市。在来成都市的国内游客人均花费中，购物花费仅 234.5 元，占总花费的 19.1%，与去年同期相比，虽有小幅上升，但购物花费总额不高、比重偏低。数据反映成都市旅游商品存在一定程度的同质化现象，比较缺乏市场竞争力、吸引力和创新力，旅游产品结构有待调整优化；同时，也反映出旅游业与相关服务业的融合度有待提升，旅游消费的深度尚且有待挖潜、广度有待拓展。

四是目的地管理服务水平有待提升。2016 年，随着散客旅游的发展，成都市多数景区缺乏完善的交通配套设施和旅游信息发布预警机制，信息化管理水平不高，旺季时期景区、景点停车场、厕所拥挤爆满，而淡季时又出现资源闲置浪费、管理成本高的问题。成都市旅游景区智慧化设施建设进展比较缓慢，对现代高新技术的运用能力不足，缺乏对虚拟现实技术、可穿戴技术、全息影像技术等高新技术的使用，致使游客体验服务感知效果较差，无法借助现代化的技术手段全方位地游玩感受和充分了解景区特点。

7.3　相关案例分析及经验借鉴

7.3.1　芝加哥的滨水中心区

7.3.1.1　芝加哥中心区概况

芝加哥（Chicago）位于美国东北部壮丽的北美五大湖之一密歇根湖的南部，是著名国际金融中心之一，也是全美人口第三大城市（仅次于纽约和洛杉矶）。市区人口为 2 897 841 人（根据美国 2010 年最新的人口普查，位居美国城市第 3 位，仅次于纽约和洛杉矶），美国 GDP 第 3 高的大都会区，人口密度为 4 816 人每平方千米。芝加哥被称为“风城”“芝城”等，是世界著名的旅游胜地，2014 年，芝加哥共接待全世界超过 5 000 万名游客。与此同时，其也是在钢铁工业、机械制造业、农业技术、贸易、文化教育等方面均居领先地位的地区。

芝加哥河是一条 114 英里[①]长，贯穿芝加哥市区的河流。尽管不是特别长，但由于其土木工程而著名。芝加哥河本来流入密歇根湖，同时，也将芝加哥的城市污水注入湖中。19 世纪末，为了彻底根除城市污水对密歇根湖湖水的污染，通过修建一系列的水闸，成功地倒转了芝加哥河的流向。河水从本来流入密歇根湖，改为流出，向西南方向通过新建的水道，并入伊利诺伊河，最终汇入密西西比河。昔日芝加哥河发挥着航运的作

① 1 英里 =1.61 千米。

用，作为水上交通前往密西西比河的通道。纵使今日芝加哥河作为航运的角色已经变得次要，河面上依然有许多观光用的“水上的士”接载游客来往卢普区及有“华丽一英里”之称的密歇根大道以及去往密歇根湖的观光船。

1909 年，勃南的“芝加哥规划”闻名于世，对密西根湖湖滨地区的保护与发展，更是这个规划中最著名的部分。它通过对湖滨地区精致的建设规划，将湖滨地区从铁路、仓库、工业手中“夺”回来，作为城市永远的公共空间。直到现在，该规划仍对芝加哥湖滨地区的发展与保护的公共决策起着重要作用。其规划目标是将芝加哥发展成为像罗马、伦敦及巴黎一样举世闻名的现代化城市。作为影响芝加哥发展近一个世纪的著名规划，它具有以下的特点：①整治芝加哥河及南北支流，加强密西根湖、芝加哥河的联系，规划一系列码头等设施；②在市中心设计上下两层的运输系统，使货物运输与城市交通分隔开来，同时，通过设计双层的桥面连通芝加哥河两岸，加强两岸的联系；③纵横的商业大道和呈放射性的林荫大道汇合于新规划的市政中心；④超前的预见性，认为作为交通枢纽的芝加哥的主角——水运将会被铁路及公路运输替代，为湖滨地区作为永久城市公共空间打下理论基础；⑤注重保护自然环境，从湖滨开始形成全市的公共空间系统。

在勃南“芝加哥规划”的推动下，湖滨保护与发展条例、湖滨地区发展规划及芝加哥市中心走廊的城市设计大纲等陆续出台。经过近一个世纪的发展，芝加哥湖滨地区不仅成为全市的公共活动中心、文化娱乐中心，更成为全世界闻名的旅游胜地、展览会议中心。改建后的海军码头，每年吸引到的游客数量超过 700 万，麦高梅克展览中心已发展成全美最大的会议展览中心，博物馆区更是聚集了世界级的文化艺术机构，包括自然博物馆、天文馆、水族馆、美术馆等。芝加哥已一改过去重工业城市的形象，成为美国第三产业（金融、会展及旅游）的中心城市。

芝加哥滨水开发是世界上最为成功开发案例之一。它是滨水空间从传统的运输、工业中心，成为城市开放空间和公共艺术中心转变的经典案例。20 世纪 80 年代后，市政府为了恢复市中心的活力，提出“中心区规划”，该规划主要具有以下三个目标：①刺激市中心的经济增长；②提供一个高质量的城市环境；③加强土地利用及管理。其中，“提供一个高质量的城市环境”主要是通过城市设计来促进城市中心物质环境的改善，完善湖滨地区作为城市文化、娱乐旅游中心的规划与开发。

7.3.1.2 芝加哥中心区规划特点

（1）独具韵律的天际线注重对城市天际线的控制和视线对景的处理，使芝加哥的城市天际线（图 7－3－1）成为滨湖地区景观旋律中最强烈的节拍反复出现。整体规划以芝加哥的天际线为地标式特征。该天际线是一个高度人工化的产物，却又与自然环境相得益彰：是芝加哥城市意向的集中反映，也是城市总体风貌和文化内涵的高度概括。通常将城市天际线作为城市景观体系的一部分纳入城市设计的研究范畴中。实际上，透过其表层的物质空间属性，可以窥见城市潜在的社会经济结构特征；天际线的发展与演变也是城市经济转型与功能结构在三维空间上的投射。

图 7－3－1　芝加哥滨水中心区天际线

城市天际线是城市与天空相遇合的那一个界面，其表面张力代表了城市向高处生长的愿望。高耸的摩天楼群无疑是这种愿望的具体化，也是芝加哥城市天际线的组成要素。芝加哥是高层建筑发源的故乡，其中心区 40 层以上的摩天楼约有 50 座，仅全美高度排名前 10 位的高层建筑，芝加哥就拥有 5 座。包括目前美国最高的建筑西尔斯大厦（Sears Tower）在内，高度在 150 米的超高层建筑，芝加哥目前共有 92 座，然而，芝加哥的城市天际线并非仅以总体高度见长而是自成特色，而是介于纽约的大都会气质和华盛顿的纪念性格局之间：既有纽约垂直高耸的摩天楼群，又有类似华盛顿水平向发展的博物馆建筑群，可谓张弛有度，兼具两个城市的优点。总体来看，芝加哥的天际线具有一种舒展的空间尺度和变化有序的剖面梯度：市区目前高度排名前三位的西尔斯大厦、AON 大厦、汉考克大厦在中心区北、中、南部均匀分布，成为天际线的制高点，而建筑群高度则大体以格兰特公园和浩瀚的密歇根湖为前景，由东向西渐次升高，至南芝加哥河岸区域达到高潮。当然，这种高度的分布并非是线性的，如北密歇根大街沿线也有一定的超高层建筑，但总体上还是形成了一种层层递进的天际线景观，使芝加哥的天际线具有丰富的层次，不仅有一层表皮，还有血有肉，具有深度和立体感。准确地说，这是一个具有多向维度、多要素复合的城市“天际面”。

（2）开放式的公园带替换原工业片区，并以公园为基础，布置了文化、休闲娱乐、商业会展以及体育等相关功能设施，完善了其湖滨区滨水开放空间，为中心商务区独特美丽的景观提供了展现的舞台。颇具规模的公共空间、滨水公园空间，以及大量的文化/餐饮设施，都使其成为非常成功的城市公众区。海滩、滨水散步道、公园和码头以及沿中心滨水区的散步道/自行车道网，为城市提供了很好的娱乐休闲功能。码头、博物馆、露天运动场、动物园、纪念喷泉和航海标志性建筑物，等等，所有的一切都显示了中央滨水区对城市的重要意义。

（3）较强的交通可达性与市中心紧密联系，可达性强；在全长 32 千米的湖滨绿带中，机动车和行人均有较强的可达性。每隔 1.2 千米就有一个机动车交叉入口进入湖滨地区。停车场有多达 14 个连续的步行系统；除了滨湖路外，西边的人行和自行车辅路给市民提供在湖滨地带活动更加亲近水源的可能。高速公路、轻轨线路、滨湖绿带、景观大道及密歇根湖的水上游线为人们提供了一种动态观察的线性途径，而曾经承担繁重运输功能的芝加哥河，已改造成为线性的水上景观走廊。如此，就出现了两个层面的芝加哥：在密歇根湖对岸的是一种整体的把握，构图完整，气势恢宏，如一幅油画；而坐落在芝加哥河两岸的，则是作为近距离体验，如横幅卷轴的国画，散点透视，渐次展开，余味无穷，而整体交通线的关联性由以下三种形态体现，即面状关联（巨型开放空间缓冲了高层建筑群的压迫感）；状关联（线性景观走廊串联起流动的城市风景）；点状关联（经典的驻足空间）。

7.3.1.3　芝加哥滨水开发经验借鉴

1. 生产岸线向生活岸线转化

随着运输技术的发展，水运相对于空运、公路运输有所衰退，水道和滨水区在交通运输中的作用大大减弱；同时，进入信息化社会后，城市产业重心转向服务业，工业重心从过去依赖港口或码头转向电子类工业，水滨对其不再具有区位优势，因此，滨水地区的业态布局产生新的趋势，工业、运输和仓储等生产功能逐步退出，逐渐被改善成滨水区环境，居住、公共服务等生活功能取代。

2. 复合开发的模式形成

传统的滨水区职能（如交通、仓储等）逐步弱化，滨水城市从制造业经济向信息和服务业（休闲、娱乐和旅游）经济的转化导致了一系列新功能空间在滨水区中的出现，包括商务、旅馆、会展、剧场、体育、娱乐场及居住空间组成的复合功能空间，形成以商业、游憩开发为导向，以第三产业为主的业态结构。这种业态结构与地区经济发展、人文与环境保护等进行高度交叠，发展成一种复合的开发模式，从而给需要综合使用多种功能的使用者带来方便。

3. 更注重公众的要求

对于城市中居住在滨水区内的居民而言，开发利用滨水区、整顿衰落、吸引投资、创造良好的居住环境和更多的就业机会是关系到切身利益的事；对城市中其他居民而言，开发利用滨水区是提升城市环境总体质量、创造假日休闲场所的最佳手段；对其他城市的居民而言，无论是商业还是娱乐业态，都可以成为游览、观光行为的重点。

4. 滨水区有条件成为多业态功能集聚的良好场所

滨水区优越的自然环境，是可供人们进行多功能使用的良好场所。购物、休闲、娱乐、商务办公等功能组织在一起，可以有效地增加滨水区的吸引力；同时，良好的步行交通系统也能吸引更多的步行人流，增加人气。

7.3.2 日本的横滨港未来 21 区

7.3.2.1 横滨港未来 21 区概述

横滨在 1895 年成为一个开放贸易口岸后，其人口和城市规模均不断扩大。在 20 世纪末的信息化和全球化浪潮中，横滨通过一系列城市改造工程，积极推动城市产业结构转型，其中，最引人关注的是它的“横滨港未来 21 区”项目。该项目是为了配合将横滨市发展为国际文化城市和自立型核心城市规划而启动的。“21 世纪未来区”位于距离东京核心区 30 千米，东京湾南侧，紧邻横滨市中心处，用地面积 186 公顷，是横滨向国际型城市转型的关键。尽管横滨成为日本的第二大城市已有多年，但由于其临近东京，历史上长期处在服务东京的地位上，未能随着城市规模的增长而拓展其作为一个中心城市的功能，很多在横滨建立的企业也将总部迁往东京。这种不平衡的发展使横滨长期在商务和文化上依赖东京。为了改变这个面貌，推动横滨成为一个独立和自我完善的全球化的大都市，1981 年，横滨市政府启动了“横滨 21 世纪计划”。这个计划包含了六个超大型项目，而“21 世纪未来港”则是其中的核心。

横滨港未来 21 区（MM21）是横滨博览会旧址上兴起的一座未来都市，建筑规模达 300 万 ~ 400 万平方千米，耗资约 140 亿美元。目前，其是一个融合了观光旅游、商务、购物、会议、展览、博物馆的新城市片区综合体。定位于集办公、文化、商业以及城市居住为一体的新型城市商务核心区。横滨港未来 21 区原是临海的造船基地，是 1983 年才开始进行填海造地和开发建设的。整个项目覆盖在东京湾横滨港沿线，整体通过约 20 年的开发而形成如今的大型滨水区。2003 年，该区域就业人口达 5 万人，入住公司数量达 980 家。摩天楼群、酒店、会议中心、购物中心、游乐园、帆船等各种各样的现代化办公商业设施鳞次栉比，代表了横滨的新开发区。

中央地区的建筑物、场地大小、高度、Pedestrian 网络及其标准，如建筑立面的显示，相应的高度信息化社会，城市灾害预防和周围的城市环境的注意和城市管理规则都将被重新限制和定义。整体规划旨在构建一个全世界的国际文化中心，一个 21 世纪的信息新城，一个有水有树有历史的人文新城。

7.3.2.2　横滨港未来港 21 区规划特点

横滨港未来港 21 区将经济开发、历史文化与城市设计三者紧密结合，尊重历史文化遗产、城市风貌特征、城市空间场所感和城市环境质量。以“能供 24 小时活动的国际文化新城”“21 世纪的信息新城”“为绿水、苍林、历史所环绕的人类环境新城”为建设的基本方针。横滨港未来 21 区的规划以贸易和国际交流为核心，以应用最为先进的信息技术为手段，以强调人文、环保、自然的理念，打造富有情趣并洋溢国际性的新城。具体而言，通过大面积填海造地和迁移老工业基地，依靠东京商业圈和横滨港，打造成一个 24 小时川流不息的港口城市。其开发过程以绿色环保为主题，建设一个坐落于和谐、安定和丰富自然环境之中的具有多种用途的国际化都市。无论是在建筑、通信、交通，还是在节能环保等方面都采用最先进的技术来打造科技化城市。

横滨港未来 21 区总共有 68 个街区，分属在国际交流区、商务区、商业区、步行区和开放区 5 个部分，其中绝大多数集聚于中央地区；目前，横滨港未来 21 区主要有 5 种业态分布，其中，以商业办公、文化休闲为主的国际区和商务区占整个业态比例的近 2/3。

横滨港未来 21 区是在填海改造工程的基础上兴建起来的新城，属扩展区高起点型都市综合体，旨在构建一个以文化、贸易和国际交流为主的新型中心，使横滨东西两个商业中心融为一体，共同成为横滨中心商务区。横滨港未来 21 区的功能大致可分为商业功能、国际交流功能、商务功能、休闲娱乐功能和滨水功能，其中以商务功能、国际交流功能和休闲娱乐功能为主。横滨港未来 21 区不仅注重商务、交通等必备因素，而且注重环境、绿化、商业设施的建设以及附加的旅游体验，让人们在繁忙工作之余也得到充分休憩。具体而言，以构建 21 世纪的环保都市为基本方针，环保先行，将横滨港未来 21 区建成环境优美的港口都市综合体。横滨港未来 21 区没有把代价昂贵、区位优越的“宝地”用作纯商务中心区开发，而是在中央地区布置美术广场，安排象征横滨历史文化的“日本丸”公园和海洋博物馆。此外，还划出总用地面积的 1/4 作为公园用地，以保持和谐的城市综合功能。

横滨港未来 21 区被认为是日本第一个成功贯彻了规划的天际线的城市设计项目，与一般规划制定各个地块限高的做法不同的是，在这里，规划师着重控制一个总体的景象，并指定作为地标的塔楼的位置。海景被作为一个重要的因素考虑，总体来看，建筑物越靠近海面，高度就越低；同时，当一条街道通向海面时，其越靠近海面，两旁的建筑物的沿街面退界就越多。当人们驱车向海滨行驶，眼前就形成一个连续展开的景象，人们在城市中随处都可以感觉到海和海港的存在。为了保证单体建筑不至于过分突出而破坏景观，未来区对建筑物的颜色和质感做了充分的考虑城镇发展委员会建立了一个关于颜色的标准，室外广告必须遵行一定的规定，做到既能活跃气氛，又保持城市景观的整体性。

7.3.2.3 横滨港未来 21 区经验借鉴

1. 绿色环保理念

整个横滨港未来 21 区的构建都是本着“人文、环保和自然”的理念，包括其整个规划的过程中园林的面积占 1/4，而且创建了既安全又舒适的游人步行空间理念，给办公者和游客带来了舒适安逸的感觉。

2. 高端的商务商业休闲服务

商务商业休闲服务的引入，营造片区高品质的居业平衡。致力于吸引不同人群来此消费，丰富区域的社会结构，提升区域活力；同时，力求规划业态档次多样化，以满足不同类型人群的需求。

3. 便利的交通网络

横滨港未来 21 区的外部不仅拥有较发达的铁路系统、公共交通系统以及临港航运系统，而且有着较发达的内部交通系统，包括高架行人通道、长距离的步行传送带及游艇等，为横滨港未来 21 区带来强有力的交通支持。

4. 保留历史遗迹

将经济开发、历史文化和城市设计三者有机结合。与此同时，注重保留历史遗迹是横滨港未来 21 区的另一大特色，在原址留有的建于 1911 年的红砖仓库被精心保留下来改建为红砖公园，而且，当年船厂的石砌船坞也竣工了，很好地融合了现代的建筑特色。

7.3.3　瑞士的卢塞恩

7.3.3.1　卢塞恩概况

瑞士的卢塞恩是琉森州的首府，位于瑞士中部的琉森湖西岸，是最受瑞士人喜爱的度假地。卢塞恩市区人口规模为 7 万人，整个城市呈现出中世纪的建筑和街巷的风貌。旧市政大楼建于 1602—1606 年，为意大利式的建筑物，风格古典庄严。旧城区广场众多。其中，以卡佩尔广场最为著名，广场边上有圣彼得教堂，广场中央有哥特式喷泉。其他著名景点还有如卡贝尔桥、斯普罗伊尔桥（谷糠桥）、濒死的琉森狮子（狮子纪念碑）等。卢塞恩被称为琉森湖畔的明珠，是瑞士最美丽、最理想的旅游城市。

由于老城区不再适应产业革命的发展需求，因此近现代以来，卢塞恩受现代主义的功能原则影响，街道如棋盘一般整齐划一，道路垂直相交，十分规整。

7.3.3.2　卢塞恩规划特点

卢塞恩内外交通分开，大型过境交通较少，内部尽量步行化。对外设置一个大型停车场，并通过环路与外界链接。小镇结构主要是沿海岸线向内陆延伸，结构呈蛛网放射式，增加街道相交的概率，缩小街道尺度，构建更加亲人的尺度；同时，沿海岸线保留古堡，并与一个城市广场一起，构成绿化体系的大节点。从功能上讲，卢塞恩注重滨水旅游、居住、散落的商业和服务设施的配套建设。

整个城市的建筑鳞次栉比，错落起伏，是一个有地标，滨海低密度的浪漫小镇。整个小镇集聚“自然、地标、节庆、生活”四位元素为一体。其中，自然以湖光山色为主，卢塞恩三面山色葱茏、冈峦起伏；一面湖光粼粼、碧波千里。那湖水漫布在城区的东南方向，堤岸蜿蜒曲折，景色苍茫万象。地标以卡佩尔廊桥为代表，卢塞恩最负盛名的是卡佩尔廊桥，这是卢塞恩的标志，始建于 1333 年，也是欧洲最古老的有顶木桥，桥的横眉上绘有 120 幅宗教历史油画，沿途还可欣赏描述当年黑死病流行景象的画作。最为著名的节庆活动则为国际音乐节，每年 8 月，卢塞恩便成了瑞士最有魅力的地方，原因之一就是这里要举行一年一度的国际音乐节。从书店到杂货店，橱窗里的摆设都以音乐为主题，而最为基础的生活功能则充满着宁静的气氛，悠闲的午后，在湖边的露天咖啡座中喝咖啡晒太阳，满眼望去时依山傍水，蓝天、白云，阳光、帆船、鲜花，还有湖面上成群的天鹅，使人时刻感受着在这里的生活宁静而美好。

7.3.3.3 卢塞恩经验借鉴

1. 紧扣主题、突出文化、点缀艺术

基于差异互补的小镇功能区划原则，在产业功能项目的组织上加强文化、艺术功能，以城市环境激发文化创意产业，以文化创意产业提升旅游价值，并辅以文化创作场所作为旅游度假的新亮点。与此同时，注重多种产业业态的有机融合，实现良性互动的产业生态圈，以旅游业带动农业、创意产业、商务服务业的发展。

2. 与优美的自然环境紧密联系

整个城市临水而建，小镇与周边优美的山水自然环境联系紧密，展现了“观水、临水、乐水”的特征。具体而言，卢塞恩的建筑通常面向大海或者湖泊河流，具有良好的观水视野。不仅如此，水边或水面上建有绿道，商业建筑和住宅亲近水边，加强了人与水的亲近，而且，水边布局公共空间，如较宽的驿站、绿地以及广场，供行人小憩。

3. 有机的空间结构

整个城市空间布局有机而紧凑，公共开放空间散布在城市中。大部分城市的绿道布局较为自由随意，公共绿道较为密集，活动路线较为灵活，而主要街道则呈现中心放射状布局。总体街区尺度较小，老城区的大部分街区长宽控制在 100 m 以内；同时，开放空间以驿站的形式呈院落式围合或半围合式分布在小镇中，重要公共建筑旁布局有开放空间，临近主要河流等水体串联有大小不等的驿站布局。

4. 小巧的空间尺度

城市空间尺度较小，有良好的步行环境。城市内部绿道较为狭窄，注重步行体验。在步行专用街道中，两旁建筑多为低层，尺度适宜步行。步行街道两旁多有商铺，街道旁设有桌椅，营造较好的商业氛围。此外，公共空间尺度多样化，既有街边或沿河的小型开放空间与花园，也有大型的公共开放空间与公园。

7.4　锦江绿道产业定位及目标

7.4.1　主导产业选择的总体定位

7.4.1.1　基本原则

锦江作为成都的“母亲河”成了纵贯天府文化和见证历史文明更替的主要载体，锦江轴是聚集推动城市发展的战略功能承载地，围绕“全民共享”，以“蓝绿交织，融合发展”为主旨，以“绿色生态，循环融合，高端引领，错位竞争，集约高效”为原则，沿锦江串联城市功能组团，并联系城市纵深区域，打造锦江绿道产业生态圈，促进西控、中优、南拓、北改、东进战略发展，重塑经济地理。

1. 绿色生态

中共十八大提出“政治、经济、文化、社会、生态文明”五位一体，倡导实现“内涵式发展”，建设“美丽中国”的发展理念。对于西部地区开发，加速推进工业化、城镇化与生态环境保护并不矛盾，只要以生态文明的理念引领工业化、城镇化发展，创新发展理念和发展模式，坚持在保护中发展、在发展中保护，强化资源环境等约束性指标对转方式调结构的促进作用，大力发展绿色产业和环保产业，努力实现经济效益与环境效益的统一，突破资源和环境的瓶颈制约，实现经济效益、社会效益和生态效益的同步提升，走出一条生产发展、生活富裕、生态良好的文明发展道路，因此，锦江绿道产业发展要坚持资源节约与环境友好，走一条跨越式绿色发展的道路。这种跨越包含发展阶段的跨越、思想观念的跨越、产业结构的跨越、技术水平的跨越。

2. 循环融合

锦江绿道产业发展必须坚持改革开放，打破观念体制的约束，以开放倒逼经济体制改革，推动锦江绿道及其辐射地区的产业集聚发展。其中最为重要的是，产业发展还必须坚持融合发展的道路，即传统产业与现代新兴产业的循环融合、高端产业与低端产业的循环融合、传统农业、新型制造业与现代文化旅游产业的循环融合。要重视和鼓励关联度高的产业技术创新，大力发展高新技术及其产业，创造良好的技术平台与产业平台；适时放松经济性规制或进行规制改革，创造宽松的制度环境；以市场为导向，促进不同分割市场的融合，使产业生态圈形成可以自造血的产业闭环；鼓励企业开拓新市场，提高企业连接新价值网络的能力；统筹协调部门、地区、行业关系，形成发展合力；坚持开放型、市场化原则，积极吸收国内外优势资源，掌控产业融合发展的主导权。

3. 高端引领

成都作为国家西部重要的中心城市，是国家中西部直接对外开放的战略高地，承担着增强辐射、带动区域，挺起中国经济的西部脊梁的使命，尤其是在当前产业结构矛盾日益突出的背景下，锦江绿道的产业发展应坚持走高端引领的发展道路，引领带动成都经济、西南地区经济发展。高端引领要求引进一批高端产业、高端要素、高端商贸、高端人才，还有高端品牌，主攻高端技术，突破高端环节，发展高端产品。要引进一批核心技术，实施一批重点项目，建设一批特色基地，推动工业提档升级，然而，锦江绿道产业发展的“高端化”，可能并不一定是能带来大规模经济效益的高端化，而在于特色优势与“小众”产业的高端化。当前，应重点发展现代高效都市农业、高端及绿色制造业、高端服务业以及健康产业等。

4. 错位竞争

锦江绿道的发展应坚持走错位竞争的发展道路，错位竞争包括产业错位竞争、功能错位竞争、产品错位竞争等多个方面。从产业错位竞争来看，应从抓生态特色优势入手，注重构建主导优势产业链，推进多业态融合发展，构建产业经济圈，整合相关产业发展，提升区内的品牌建设；从功能错位竞争来看，应实施差异化的产业功能定位，打造国家级高端现代生产性服务和文化汇聚中心；从产品错位竞争的角度来看，应作好“人无我有，人有我优，人优我新”这篇大文章，生产出的产品应避免与业内其他对手雷同。

5. 集约高效

锦江绿道的产业发展必须从一开始就坚持特色产业集聚化的发展道路，沿着产业链推进，提高附加值，而不仅仅是低端产业的空间聚集，更是自造血产业链闭环形成的必要前提。要跳出在人口和产业上的竞争格局，大力发展战略性新兴产业和现代服务业，积极运用先进适用技术改造传统产业，推进工艺改良、产品更新，做优增量，提升存量，着力打造高技术产业基地；大力引进高层次人才和创新团队，有效集聚科技、人才等先进生产要素，推进优地优用，节约集约利用资源；要加强配套服务，完善人才、产业、科技政策和金融等服务，特别是对初创的科技型企业和科技研发活动要予以更多支持，按照适度超前的要求加强服务设施建设，着力营造一流创业创新环境，吸引更多的高端人才和优质项目。

7.4.1.2　产业发展定位

以“西控”为导向，以“中优”为主体，以“南拓”“北改”和“东进”三足为支撑，以“凸显文化底蕴”为核心，以“蓝绿交织，融合发展”为主旨，以“锦江绿道”为骨架，全力打造具有锦江绿道特色文化的产业体系，并辐射城市纵深区域，促进“西控”“中优”“南拓”“北改”“东进”的战略发展。

蓝绿交织的锦江绿道，绿在生态文化，蓝在哪儿呢？从产业发展的角度来看：

1. 蓝在发展的理念

产业发展应该领航“军民融合”国家战略，坚持以人为本的方向，而不是追求 GDP 数据的增长；从供给侧推动产业结构优化升级；以全创新链融合为核心，追求高端与低端的融合、新兴产业与传统产业的融合、重工业与轻工业的融合，打造产业融合的聚集区。

2. 蓝在发展的方式

产业结构需要转型升级，高端化只解决了升级问题，转型问题的核心却在于融合，而融合的创新链过短问题更需要重视，从传统的粗放发展方式转型到集约化的发展方式；创新链过程的延长注定了锦江绿道的产业结构必须实现以产业“上游—中游—下游—上游”为核心的全链条循环融合。锦江绿道的产业发展需要破解军民融合国际战略实施的难题。

3. 蓝在发展的动力

传统的产业发展以市场导向为主，在市场受挫的情况下，锦江绿道的产业发展要面向供给侧改革，打造内陆开放型产业融合集聚区，从供给侧推动产业结构优化升级，以产业循环融合带动西南区域经济发展。

4. 蓝在发展的道路

锦江绿道产业发展从一开始就要着力于重点抓手的突破，走一条多产业融合的发展道路，注重区域的协调发展，从规划制定、基础研究到产业化全创新链条的融合，而不是目前的在单一产业的装备研制为主的某一环节的结合，应坚持四化同步发展，推动产业发展建设。

7.4.2　主导产业选择的目标与思路

7.4.2.1　总体目标

绿色讲的是产业，生态讲的是城市，是区域。二者是“产”和“城”

的有机融合，构成了绿江绿道的基本内涵，其最终目标是打造有机新区的复合型产业，通过构建与山水田园城区相适应的绿色产业体系，使锦江绿道成为具有较强国际影响力的集生态、文化、健康、经济与智慧为一体的复合功能体，实现城市的修补缝合；积极推动自主科技创新，着力培育战略新兴产业，加强节能环保技术研发、软件和信息服务、高端制造业的开发，形成西南地区乃至全国一流的战略新兴产业生态圈；大力发展总部经济、现代商贸物流、文化会展和博览，推进要素交易市场和保税开放，使锦江绿道成为成都经济区高端现代生产性服务业集聚区；打造西南地区具有产业国际竞争力的“绿色锦江”和产城有机融合的“生态新区”。

具体而言，经济总量的快速增长，综合实力显著增强，产业地位不断提升，成为成都乃至西南地区跨越崛起的重要推动力量。新型工业化取得显著成效，产业结构优化升级，基本形成以文化旅游产业、电子信息、航空装备制造业、现代服务业和绿色高效农业等为主体的多业态循环融合的产业经济圈。科技研发投入持续增长，科技人才队伍和创新平台建设稳步推进，科技服务支撑体系日益完善，企业自主创新能力明显提高。经济增长方式由粗放型向集约型转变，工业耗能、耗水明显节约，单位土地产出效率明显提高。环境保护工作取得明显成效，工业污染得到有效控制，成都已经成为环境优美、生态良好、宜居宜业的山水田园城市。

7.4.2.2 实施阶段

1. 近期（2018—2020 年）

通过三年努力，以第三产业（旅游产业）为需求导向，以第二产业（电子信息产业、航空装备制造产业）为造血支柱，第一产业（现代都市农业）为体系补充的现代产业体系及相关配套服务体系基本形成，以生产力合理布局和拓展城市空间为目标的锦江绿道开发建设初具规模。

2. 中期（2021—2025 年）

以文化旅游为主体的第三产业品牌效应日益突显，电子信息和航空制造规模日益扩大，基本形成新体制、高科技、开放型的新兴产业生态圈和现代化、人文化、生态化的新城区，成为成都经济最富活力的增长极和西南地区开发开放的重要战略平台。

3. 远期（2026—2036 年）

文化旅游的国际竞争力不断增强，锦江绿道乃至辐射地区综合经济实力显著提升，锦江绿道建设加快推进，优化空间布局，辐射城区统筹协调发展格局基本形成；资源利用效率进一步提高，生态环境继续改善；社会保障体系较为健全，实现全面的建设发展目标。

7.4.2.3　发展思路

锦江绿道的主导产业选择紧扣“产业联动”主旨，构建具有“自造血”系统的多业态融合的绿色循环产业经济圈。多业态的产业生态圈之间设置具有“实时信息重组”功能的驿站，以绿道为脉络，集聚至一个云平台。坚持高度开放融合、绿色转型和创新示范，从供给侧推动产业结构转型升级，积极推动高端要素、高端产业、高端人才、高端品牌集聚以及现代制造业、现代农业与现代服务业融合发展，坚持军民融合、军民一体的发展道路，注重区域的协调发展，引领西南地区产业转型升级，打造国家四个现代化同步发展的军民融合产业集聚区、示范区。

1. 构建锦江绿色循环产业生态圈

以“外输血 - 自造血”理念为主旨，引入“互联网 + 绿道信息平台”“互联网 + 林盘信息平台”“互联网 + 产品信息平台”，以绿道 500 米以内的文化景观项目为抓手，连通周边林盘，辐射周边产业发展，注重全产业链的循环融合，逐步形成多个产业链闭环的新型产业生态圈。

（1）“互联网 + 绿道信息平台”：智慧交通云平台，实现绿道交通线上实时监控调配（与交通专项对接）。

（2）“互联网 + 林盘信息平台”：快旅慢游云平台，实现不同业态的林盘的综合集聚，从而拉长旅游消费产业链。

（3）“互联网 + 产品信息平台”：一站式云平台，面向全民（国内和国际），实现集“娱、购、游、吃、住、玩”于一体的功能。

2. 打造闭环式产业生态圈

以三大产业（现代农业，高端装配制造业，现代服务业）为核心，打造一条围绕绿道并能辐射城区的闭环产业集群；基于全产业链条的循环融合，构建产业新生态。具体而言，以“外输血—自造血”理念为主旨，注重全产业链的循环融合效果，以绿色农业/生态旅游业/空军体验式旅游业发展为抓手，基于“互联网 +”发展思路，从供给侧视角打造电子信息/非遗衍生产品/航空装备衍生产品产业链，逐步构建“需求引力—供给造血”的新型产业集群，最终实现“绿色农业—电子信息业产业链”“生态旅游业—非遗产业链”“蓝色旅游业—高端装备制造产业链”的循环闭合。

3. 结合绿道设置“4 级”驿站

结合互联网 +，基于“3 级”绿道，构建信息平台，实现各驿站枢纽间的“实时信息重组”。

7.4.3 产业发展的规划导向

21 世纪，中国正以一个全新的姿态引领全球经济的发展和主导城市化建设的步伐。在此背景下，将生态宜居、科技兴城的世界潮流融入锦江绿道的产业体系的构建，打造未来智慧之道。而其重点是要坚持“一条主线”，突出“两个核心”，实施“四大战略”，重点发展“五大优势产业群”。

7.4.3.1 一条主线

“一条主线”是指坚持“绿色融合”的产业发展理念。“绿色”则侧重于生产层面，即采用先进技术、实行清洁生产、加大污染治理、减少污染排放；“融合”侧重于消费层面，即选择循环融合的多业态主导产业，生产出有品牌影响力的产品，提供有多业态融合的服务，倡导一站式的消费模式。总之，锦江绿道应立足生态优势，坚持“绿色融合”的产业发展理念，实现错位竞争，大力推进绿色融合的产业经济圈的发展，以满足全民多样化需求为根本目的，坚持高端化、服务化、低碳化，努力成为西部地区产业结构转型升级引领示范区。

7.4.3.2 两个核心

即紧抓特色小镇和林盘综合服务配套。锦江绿道必须坚持高端化、服务化、信息化的原则，在区域内形成一个良好的科技创新环境和完善的生产生活配套服务，按照产业发展方向，紧扣特色小镇和林盘两个核心，高标准选择一些国际国内行业先进企业的进驻。其中，坚持自主科技创新是吸引外来企业落户的一个根本要素，而综合服务配套环境的好坏则是新区能否留住企业的重要条件。

7.4.3.3 四大战略

1. 生态立业战略

成都正处于经济社会快速发展阶段，锦江绿道的产业发展既担负着“富民强区、跨越发展”的历史重任，又面临着改善脆弱的生态环境、突破资源环境约束的严峻挑战。必须立足于生态环境特点，坚持把节能减排、保护环境、生态建设作为转变发展方式的重要抓手，大力发展文化产业、生态农业、生态工业、生态旅游业，保护、开发和利用文化生态资源，建设民族文化产业，推进新型工业化、新型城镇化与生态环境保护的有机结合，提升区域综合承载能力，努力创造生产发展、生活改善、生态恢复的共赢局面，打造人与自然和谐共处、共同发展的绿色繁荣。

2. 品牌强业战略

当今社会，品牌作为一种具有综合意义的无形资产，正在对区域竞争发挥越来越重要的作用，因此，锦江绿道产业体系的建设应突出特色，发挥优势，强化品牌意识，实施品牌战略，认真挖掘自身在自然、经济、社会、文化等发展过程中形成的各种优势，并将之凝练成为区域发展的核心竞争力，力争用 5 ~ 10 年的时间打造一批在国内外具有较大影响力的名牌产品、名牌企业、名牌产业和特色小镇，并进而形成成都的区域品牌，以此吸引和引导生产、消费等领域各类经济要素的集聚和流动，助力成都经济发展。

3. 创新驱动战略

创新是地区发展的活力源泉。锦江绿道产业发展应充分发挥“先行先试”的原则，继续深化改革开放，大力推进经济社会发展的重点领域和关键环节的各项改革，积极开展同周边区域及沿海地区全方位、多层次、宽领域的合作。同时，加强制度创新、加快技术创新、推动管理创新，坚持以改革促发展、以开放促开发、以创新促跨越，努力探索走出一条科学发展的新路子，使锦江绿道成为体制机制创新高地、践行科学发展观的试验田。

4. 产城融合战略

要推进四化同步发展，关键是要加快新型工业和城镇化的步伐，要坚持产城互动、以城带产、以产促城、产城一体，按照新型工业化的要求，依托国家新区政策优势，坚持走新型工业化道路，通过信息化改造提升传统产业，实现三次产业的融合发展。要实施绿道带动战略，发挥绿道的辐射带动作用，科学规划，有序拓展，走有特色、集约型、多样化的绿色生态道路。坚持人口与产业的协同发展，生产与生活的协同发展，城镇化与新农村协同发展，高校园区、产业园区、社区融合发展，城市发展与生态保护并重。

7.4.3.4　五大优势产业经济圈

锦江绿道的发展需要依靠产业快速发展提供动力支持，同时，良好的生态环境、灵活的管理体制、优越的政策无疑将为产业发展提供良好的支撑平台。依托现有的产业基础和区位优势，锦江绿道的产业体系应重点打造具有全国竞争优势的五大产业经济圈。

1. 电子信息产业经济圈

以电子信息产业园为载体，重点培育新一代信息技术，积极引进国内外知名的电子信息制造企业，与东部沿海地区城市、企业合作打造，大力发展电子信息制造业，实现低端吸纳、高端引领，支撑锦江绿道打造“智慧新区”。

（1）集成电路及通信设备产品。根据产品关联度，进行链条式的结构扩大，引进上下游产品或配套企业，延伸产业链条。

（2）云计算。优先建设数据中心基地，发展云服务和专业数据服务，推进网络交付和应用服务，满足日益增长的信息化需求。

（3）服务外包。依托产业升级，结合 IT 培训，重点发展软件和信息服务外包；依托成都各高校丰富的人力资源和商业成本优势发展呼叫中心业务。

2. 高端装备制造产业经济圈

依托现有的国防科技工业基地人才、技术优势和产业基础，以飞机与零部件制造为有力抓手，以高端装备制造产业园为核心载体，培育装备制造产业集群，促进装备制造业产业升级和产业链拓展，打造高端装备制造业基地。

3. 文化旅游产业经济圈

围绕锦江绿道世界级宜居滨水廊道的定位，立足锦江生态和文化优势，紧跟成都生态文明建设步伐，以国际化、精品化、高端化文化旅游为基础，以补圈强圈和产业融合壮大旅游产业体系，以形象宣传为动力，加强政策、资金和人才支持，把锦江绿道打造成全国乃至世界知名的“生态文化旅游目的地”。

（1）生态文化旅游，依托观光休闲农场、特色小镇、体验式林盘，加强与景区联动，重点打造 5 ~ 10 条不同特色的经典旅游线路，以满足不同消费层次的受众，拉长消费产业链。

（2）依托资源优势、区位优势以及后发优势，以国际化标准，加强文化旅游配套基础设施的建设，打造以信息驿站为载体的现代化旅游服务中心。

4. 现代商务服务产业经济圈

积极引进金融、会展、物流等高端商务服务产业，培育和规范法律、咨询、会计、审计、评估、广告等专业商务服务类企业，创造支撑总部经济发展的商务环境，促进商务服务与总部经济联动发展，打造西部地区最具活力的“区域性总部聚集区”，同时，发挥水道优势，把锦江建成连接东南亚和内陆的具有较强影响力和辐射力的国际化商贸物流中心。

5. 特色非遗（手）工业产业经济圈

依托成都丰富的自然和民族文化资源，积极开发具有非遗特色的旅游商品加工业、蜀锦和绿色健康食品产业，构建具有成都非遗特色的轻工产业集群，促进旅游与非遗的融合联动发展，推进“非遗”产业化。

7.5　锦江绿道产业发展重点

从国家和四川省的要求出发，立足锦江的基础条件、功能定位和发展目标，结合国内外产业发展经验，根据锦江产业发展演化过程、主导产业选择的原则和总体发展思路，在未来 10～20 年内，锦江产业发展重点为以创新为动力，资源为基础，重点改造和培育五大产业链，把锦江建设成为全国重要的以航天高技术研发制造为代表的高端制造业研发生产基地，西部生态旅游中心和旅游产品开发及加工基地，西部地区互联网信息平台、绿色农产品、非物质文化遗产传承基地。

7.5.1　绿色农业抓手—电子信息产业支撑的产业生态圈

以“外输血—自造血”理念为主旨，注重全产业链的循环融合效果，以绿色农业发展为抓手，基于“互联网 +”发展思路，从供给侧视角出发，打造电子信息产业链，借助特色林盘为落地，逐步构建“需求引力—供给造血”的新型产业生态圈，最终实现“绿色农业—电子信息业产业链”的循环闭合。

7.5.1.1　绿色农业产业链的发展与规划

基于工业化理念经营农业，重点是要做大做强农业产业化品牌，发展绿色农业、精品农业、旅游观光农业、创汇农业，推进传统农业向现代农业转变。立足市场需求，紧扣供给侧视角，对锦江绿道域内现有农产品进行整合，打造农业品牌名片。

充分发挥锦江绿道域内农业和农产品资源、经济、市场和技术优势，依托优势农产品专业化生产、特色农产品和畜产品加工业，逐步形成农畜产品生产和加工产业链，实现农畜产品加工与原料基地的有机结合。在提升农畜产品综合加工能力的同时，逐步延续农畜产品产业链条，由初级加工向精深加工转变，由传统加工业向采用适用技术转变，在锦江绿道域内建设具有地区特色的农畜产品加工基地，并与电子信息产业融合，为锦江绿道旅游产业发展提供有力的支撑。

绿色农业——农产品加工产业链发展战略如图7－5－1所示。

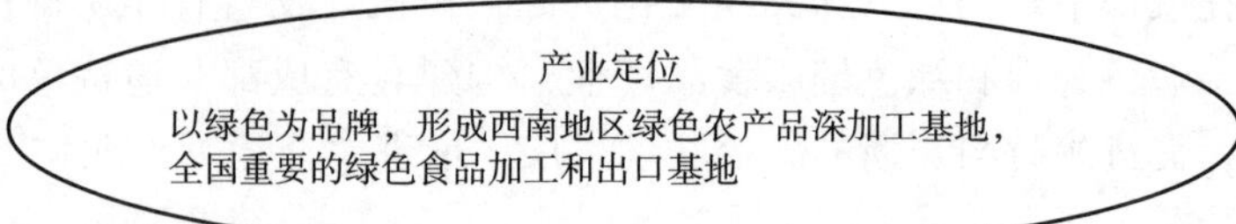

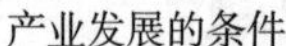

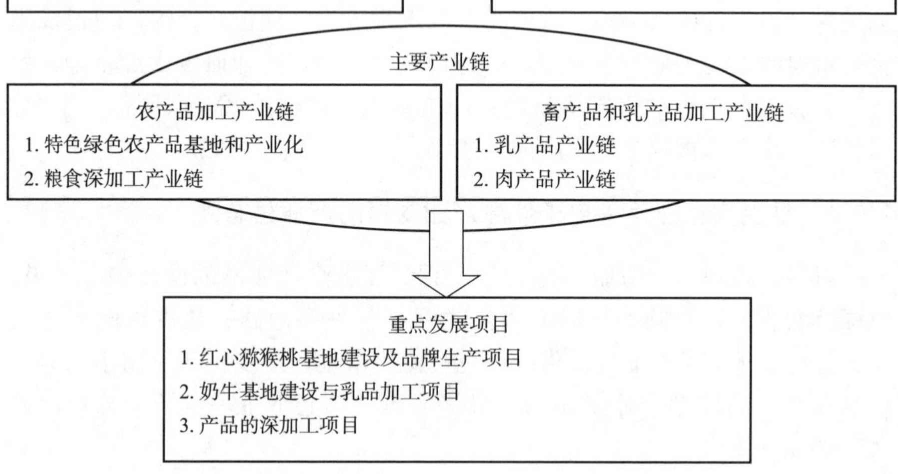

图7－5－1　绿色农业——农产品加工产业链发展战略

根据农产品市场需求、农业资源状况、技术水平和消费习惯等，锦江绿道域内绿色农业和农产品加工产业链主要发展方向为：一是依托当地农业生产环境条件的优势，建立绿色农产品生产基地，形成特色农产品加工产业链；二是利用当地气候条件和特种农产品优势，建立乳品产业链；三是依托锦江及周边地区优质农产品基地优势，建立粮食深加工产业链。

1. 特色绿色农产品生产基地和产业化

产业发展的定位是依托资源和品质优势，形成全国重要的猕猴桃生产基地和西南地区最大的农产品生产基地。

产业发展的思路是以“天然”和“绿色”为品牌，通过构建电子信息平台组织企业化运作模式，带动农产品基地的建设。

产业发展重点是搞好农产品基地建设，培育名片品牌，促进农产品的产业化进程。

2. 乳品产业链

产业发展的定位是充分发挥各种资源优势，积极开拓市场，打造具有西南地方特色的乳品产业，形成全国著名的乳品生产基地和产区。

产业发展的思路是立足市场，以技术和品牌为核心，重点扶持龙头企业，通过龙头企业的发展，带动基地建设，延伸产业链。

产业发展的重点是以品牌为突破口，构建锦江绿道域内乳品产业的核心竞争力，重点扶持和发展龙头企业，并以龙头带动乳品基地的发展；引进现代技术，以乳产品为产业突破口，积极发展乳产业。

3. 粮食深加工产业链

产业发展的定位是充分利用基地优势，扶持知名品牌，形成具有西南特色的绿色农产品深加工基地。

产业发展的思路是以知名品牌为核心，整合现有粮食加工企业，在扩大企业生产规模的基础上，突出“绿色”特色品牌，形成与基地相结合的粮食深加工产业链。

产业发展的重点是近期扶持龙头企业；指定和扶持绿色标准化粮食生产基地；加大绿色食品的开发力度，促进粮食加工产业链的延伸。

7.5.1.2　电子信息产业链的发展与规划

锦江绿道域内电子信息产业发展战略定位是基于“互联网 +”理念，发展电子信息产业集群和产业链，维持其中成都市的第一主导产业的地位。以建设 IT 产业园和信息产业城“一园一城”为重要抓手，积极发展“三高两新”电子信息产品。

锦江绿道电子信息产业发展战略如图 7 – 5 – 2 所示。

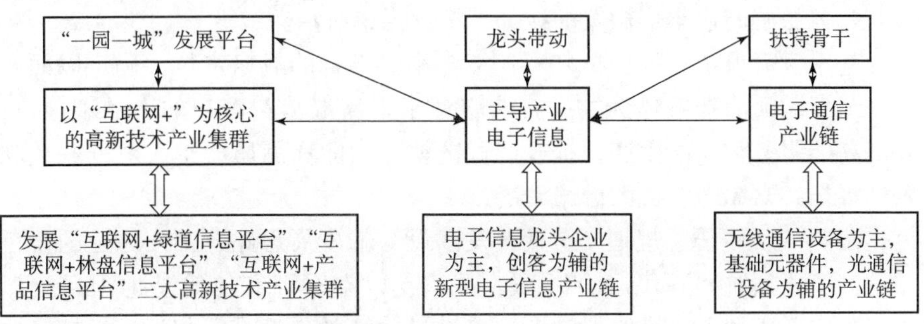

图 7 – 5 – 2　锦江绿道电子信息产业发展战略

加大龙头扶持力度，以龙头带动电子信息产业发展，积极吸引有影响力的企业落户。电子信息产业集群重点发展“互联网 + 绿道信息平台”“互联网 + 林盘信息平台”“互联网 + 产品信息平台”三大高新技术产业集群，以电子信息龙头企业为主，创客为辅，建成国内新型电子信息示范区。以“一园一城”为载体，扶持骨干企业发展，加大新产品开发、固定资产投资力度，不断提高规模实力和市场竞争力。电子信息产业链重点发展以无线通信设备为主，基础元器件，光通信设备为辅的产业链。以龙头企业带动，拉长产业链条，完善配套体系，建设电子信息产业集群和电子通信产业链。

7.5.2　蓝色旅游业抓手—高端装备制造产业支撑的产业生态圈

依托当地和周边区域的航空航天产业优势，领航“军民融合”国家战略，以空军训练体验基地项目为抓手，采用全产业链模式，使上、下游形成一个利益共同体，把最末端的旅游产业消费者需求，通过市场价机制反馈到处于最前端的产品生产、技术研发环节，使产业生态圈内的所有环节都以市场和消费者为导向，重点打造“航空装备制造产业链”和“体验式蓝色旅游产业链”。

7.5.2.1　体验式蓝色旅游产业链的发展与规划

依托成都的军民融合资源丰度优势，延伸上、下游产业链条，打造“体验式蓝色旅游产业链”，涵盖资源供给、产品生产、技术研发与创新、物流与信息化管理、产业配套服务等全方位的、完整的体验式蓝色旅游产业链。以领先的军民融合资源为基础、以蓝色旅游业为核心，形成“政、产、学、研”结合的一体化发展模式，打造蓝色旅游产业集群，形成以旅游体验与服务、休闲式旅游、现代航空产业三大板块为主的集群结构，构筑起体验式蓝色旅游产业的完整脉络。

蓝色旅游产业集群微笑曲线如图 7 – 5 – 3 所示。

基于对需求市场的分析判断，结合军民融合的战略定位，确定以面向全国乃至国际消费群体为主，打造服务于中高端消费客户的产品和项目，发展高端服务和高端生产，提升产业链整体功能和品质，扩大对外联系和营销宣传，支撑产业链的健康发展。

按照“整体统一规划、分期开发建设”的发展思路，锦江绿道的蓝色旅游产业要领航“军民融合”国家战略，以空军训练体验基地项目为抓手，逐步形成“服务业—制造业”产业链闭环的新型产业集群。近期，体验模拟飞行等空军训练项目，同时提供航模等空军装备衍生产品的销售，

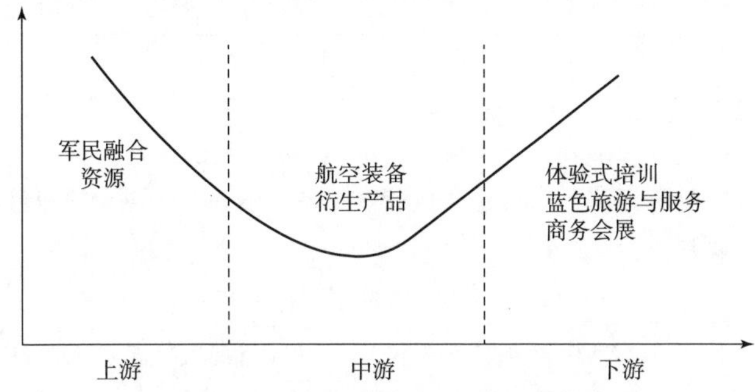

图7－5－3　蓝色旅游产业集群微笑曲线

并通过云平台提供个性化服务；中期，开辟小型无人机教学试飞区，同时，在周边开设小型固定翼螺旋桨飞机驾驶员培训，提供小型飞机驾照的学习和考核服务；远期，举办“国际航空节”扩大影响力，逐步形成新的“城市名片”，带动周边制造业的转型升级。

7.5.2.2　航空装备制造业产业链的发展与规划

航空产业是高端装备制造业产业代表。成都航空产业的整体水平、凝聚力、影响力均位列前茅，初步建立起较为完整的产业体系，形成了飞机整机及大部件研制、航空电子产品研制、航空维修等方面的能力，是国家确定的民用航空高技术基地和重要歼击机研发制造基地，因此，锦江具有发展航空装备制造业的产业基础。

航空装备制造产业链见表7－5－1。

表7－5－1　航空装备制造产业链

项目	内容
产业定位	以“空军训练体验基地”“无人机教学试飞基地”等大型蓝色旅游项目为抓手，带动市场需求，引导航空装备制造业转型升级，最终建成具有国际先进水平、国内大型现代高端航空装备制造基地
现有产业状况	军民融合产业基础雄厚——成都作为四川省乃至全国主要的国防科技工业承载地 航空产业规模优势突出——航空产业规模位居全国前四位，在整机（包括无人机）及发动机研发制造、大部件维修、航电产品研发制造等领域处于国内先进水平 科技创新资源丰富——深度发展人才资源丰富，拥有较强的技术创新能力和人才资源支撑

续表

项目	内容
市场需求	打造“体验式蓝色旅游产业链”，带动市场需求，引导航空装备制造业转型升级，形成具有“自造血”系统的多业态融合的绿色循环经济产业闭环
发展条件	技术——整机（包括无人机）及发动机研发制造、大部件维修、航电产品研发制造等领域处于国内先进水平 人才——各类人才共约 389 万人，其中，有两院院士 34 人，国家“千人计划”专家 169 人 资金——与国内大型央企成立股份制企业，引进资金 政策——按照“军民融合、央地合作、转型升级、集群发展”的思路，成都市军民融合产业发展“十三五”规划已编制完成
发展思路	以国防科技产品和高新技术产品研发制造为龙头，信息安全为核心，以市场需求的空军装备衍生产品（包括无人机）为产品线，转型升级发展方向，在 10 ~ 15 年内逐步建成为经济效益好的、业态循环融合的新型航空产业集群

锦江航空装备制造产业发展战略定位：建成具有国际先进水平、国内大型现代高端航空装备制造基地，形成支撑区域经济发展的支柱产业。

锦江航空装备制造产业发展总体思路：充分发挥丰富、优质资源优势，以国防科技产品和高新技术产品研发制造为龙头，以信息安全为核心，以市场需求的空军装备衍生产品（包括无人机）为产品线转型升级发展方向，通过水、电、交通、土地等资源优化配置与共享，引进国外先进技术与国内自主知识产权技术相结合，高起点、规模化建设，在 10 ~ 15 年内逐步建成为经济效益好的、业态循环融合的新型航空产业集群。

7.5.3 生态旅游业抓手—非遗文化产业支撑的产业生态圈

基于“云平台”，大力发展高效益、带动强、低污染、低耗能的生态旅游产业，以“生态化、服务化、全民化、集群化”为发展方向，从供给侧视角打造非遗衍生产品产业链，逐步构建“需求引力—供给造血”的“有竞争力的产业——区域的繁荣——生态的可持续”的良好循环圈。

7.5.3.1 生态旅游产业链的发展与规划

基于“天人合一”的发展理念，锦江绿道生态旅游产业链重在向度假休闲的转型，由单一的自然风光旅游转型为一个综合性的文化旅游度假，并基于此发展一系列的文化休闲活动，包括精品酒店、特色餐饮及零售、创意体验、非遗民俗文化、山地徒步等。在对环境保护区零影响的前提下，确保当地居民能从发展中获益，实现民俗文化与景观整合成一个微型的生态新陈代谢系统。

1. 打造国际化、精品化、全民化生态文化旅游目的地

围绕自然生态优势和巴蜀文化优势，积极引入大型战略投资公司，打造、包装一批多层次生态文化旅游目的地；围绕生态景观旅游、林盘文化旅游、民族文化旅游、都市农业旅游等重点打造5～10条经典旅游线路；加强与周边优质景区的联动。

2. 以国际化标准，积极建立完善旅游配套服务体系

重点打造锦江绿道旅游商务区，围绕旅游六要素，完善提升旅游相关的餐饮、住宿、交通、旅游服务、购物、娱乐等配套服务业。基于云平台，打造以锦江绿道旅游商务区（Tourism Business District）为主要载体的现代化旅游服务中心；服务商依托教育资源，大力培养旅游专业人才，加强国际化旅游人才队伍建设，提升旅游服务质量；发展、引进多层次多样化的购物、娱乐休闲中心。

3. 推进旅游业与相关产业融合发展

积极促进生态文化旅游与都市农业、特色食品、非遗产品加工业、会展、文化创意产业等融合发展。结合生态文化旅游城市建设，积极打造生态地产项目；积极建设农家乐、休闲农场、民俗观光园、农业公园等观光休闲农业旅游项目；积极发展特色食品加工业、非遗产品加工业；积极策划旅游会展活动，加强会展基础设施建设，促进旅游与会展联动发展；促进生态文化旅游与文化创意产业融合发展，促进民族服装设计、建筑设计、视觉艺术、表演艺术、环境艺术、雕塑等相关业态的发展。

7.5.3.2 非遗文化产业链的发展与规划

围绕锦江流域非遗文化的功能定位，依托交通区位优势、生态文化优势和政策优势，以投资环境建设为重点，基础设施建设和制度建设并重，积极引进商务服务、金融等高端服务业，把锦江流域的非遗文化打造成为具有较强影响力和辐射力的高端商务产业集聚。其发展重点是围绕非遗文

化产业领域，促进相关产业集聚，促进生态服务、商务服务和金融业联动发展。

1. 促进区域性总部集聚

加强规划引导，积极创造总部经济运行基础条件，完善专业配套服务，打造独具特色的大农业企业总部、中小企业总部基地，创造高端条件，吸引高端企业、高端人才集聚，把锦江流域非遗文化产业打造成为中西部地区最具活力的区域性总部聚集区。加快发展商务服务业、金融业、娱乐休闲业、餐饮住宿业等，为非遗文化企业的集聚提供优质丰富的生产生活配套服务。

2. 加快发展商务服务业

围绕总部经济和旅游业发展，基于云平台，积极引进、培育和规范非遗文化会展以及咨询服务、交易服务、培训服务、广告宣传服务、就业以及人力资源服务等专业商务服务类企业。创造支撑非遗文化总部经济发展的商务环境，促进商务服务与总部经济联动发展。

3. 培育专业化的非遗文化会展

促进会展与非遗文化旅游融合发展，积极实现会展业的国际化、专业化、品牌化和信息化，努力把锦江绿道建设成为西南地区具有国际影响力的商务会展中心。围绕巴蜀文化、非遗文化、生态景观、都市农业等，发展一批具有国际影响力的专业会展中心，打造世界一流的会展品牌；引导会展业向规模大型化、展会品牌化、展期固定化、展览队伍专业化方向发展；推进会展业市场化进程，实现会展运作模式以市场运作为主的运营模式，形成以大型会展企业为龙头、小型会展企业为辅助、专业化分工合作与优势互补的会展市场体系；加强与国际展览公司的合作，积极引进国际品牌展会，大力培育龙头会展企业。

4. 创新发展金融业

依托锦江绿道的政策优势，以商务中心区为载体，有序发展和创新金融组织、金融产品和金融服务，完善金融服务体系，提升金融服务功能，优化金融发展环境，强化金融对非遗文化发展的支持力度，打造非遗文化的金融创新区。

参 考 文 献

[1] 方甲. 产业结构问题研究 [M]. 北京：中国人民大学出版社，1997.

[2] [美] 钱纳里，[以] 赛尔奎因. 发展的形式：1950—1970 [M]. 李新华，等译. 北京：经济科学出版社，1988.

[3] [美] 钱纳里，等. 工业化和经济增长的比较研究 [M]. 上海：上海人民出版社，1989.

[4] 苏东水. 产业经济学 [M]. 北京：高等教育出版社，2000.

[5] 张文忠，等. 中国产业竞争力再造 [M]. 北京：科学出版社，2001.

[6] 陈红儿，陈刚. 区域产业竞争力评价模型与案例分析 [J]. 中国软科学，2002 (1)：99 -104.

[7] 国际城市管理协会，美国规划协会. 地方政府规划实践 [M]. 张永刚，等译. 北京：中国建筑工业出版社，2006.

[8] 曾淑婉. 基于区域经济差异的区域产业规划研究 [D]. 天津：南开大学，2013.

[9] 张文忠，等. 产业发展规划的理论与实践 [M]. 北京：科学出版社，2009.

[10] 陈伟，张文忠. 山东半岛制造业基地发展战略研究——山东与东北亚地区的经济合作与发展 [M]. 北京：五洲传播出版社，2005.

[11] 陈锡康. 中国城乡经济投入占用产出分析 [M]. 北京：科学出版社，1992.

[12] 楚波，金凤君产业集群辨识方法综述 [J]. 经济地理，2007，27 (5)：708 -713.

[13] 崔功豪，魏清泉，陈宗兴. 区域分析与规划 [M]. 北京：高等教育出版社，1999.

[14] 贺灿飞，梁进社，张华. 区域制造业集群的辨识——以北京市制造业为例 [J]. 地理科学，2005 (5)：521 -528.

[15] 贺灿飞，潘峰华. 产业地理集中、产业集聚与产业集群：测量与辨识 [J]. 地理科学进展，2007 (2)：1 -13.

[16] 贾若祥. 地区产业竞争力理论研究 [J]. 资源·产业，2002 (3)：

44 - 46.
[17] 梁琦. 产业集聚 [M]. 北京：商务印书馆，2004.
[18] 刘春霞. 产业地理集中度测度方法研究 [J]. 经济地理，2006，26 (5)：742 - 747.
[19] 千庆兰. 中国地区制造业竞争力新论 [M]. 北京：科学出版社，2006.
[20] [美] 托马斯·贝特曼，[美] 斯考特·斯奈尔. 管理学（构建竞争优势）[M]. 王雪莉，译. 北京：北京大学出版社，2001.
[21] 魏后凯. 现代区域经济学 [M]. 北京：经济管理出版社，2007.
[22] 魏后凯，吴利学. 中国地区工业竞争力评价 [J]. 中国工业经济，2002 (11)：54 - 62.
[23] 吴殿廷. 区域分析与规划高级教程 [M]. 北京：高等教育出版社，2004.
[24] 薛领，李国平，孙铁山. 天津主导产业选择与空间布局研究 [J]. 科学技术与工程，2004. 4 (10)：854 - 860.
[25] 张华. 中国制造业空间集聚与区域经济增长 [D]. 北京：中国科学院地理科学与资源研究所，2007：22 - 29.
[26] 张同升，梁进社，宋金平. 中国制造业省区间分布的集中与分散研究 [J]. 经济地理，2005，25 (3)：315 - 319.
[27] 沈正平，简晓彬，施同兵. 产业地域联动的测度方法及其应用探讨 [J]. 经济地理，2007 (6)：952 - 955 + 960.
[28] 陆铭，向宽虎，陈钊. 中国城市化和城市体系调整：基于文献的评论 [J]. 世界经济，2011 (6)：3 - 25.
[29] 罗守贵，高汝熹. 改革开放以来中国经济发展及居民收入区域差异变动研究 [J]. 管理世界，2005 (11)：45 - 66.
[30] 罗斯托. 经济成长的阶段 [M]. 北京：商务印书馆，1962.
[31] 吕铁. 制造业结构变化对生产率增长的影响研究 [J]. 管理世界，2002 (2)：87 - 94.
[32] 吕政. 该地区工业化进程中面临的主要矛盾 [J]. 当代财经，2005 (12)：5 - 9.
[33] 倪芝青，沈悦林，龚勤. "十一五" 科技规划目标实现度评价 [J]. 科技进步与对策，2010 (9)：133 - 135.
[34] 聂爱云，陆长平. 制度约束，外商投资与产业结构升级调整——基于省际面板数据的实证研究 [J]. 国际贸易问题，2012 (2)：

136 – 145.

[35] 潘文卿. 中国的区域关联与经济增长的空间溢出效应 [J]. 经济研究, 2012 (1): 54 – 65.

[36] 皮建才. 中国地方政府间竞争下的区域市场融合 [J]. 经济研究, 2008 (3): 115 – 124.

[37] 苏联经济区划委员会. 苏联经济区划问题 [M]. 北京: 商务印书馆, 1961.

[38] 任建军, 阳国梁. 中国区域经济发展差异及其成因分析 [J]. 经济地理, 2010 (5): 784 – 789.

[39] 沈正平, 简晓彬, 施同兵. 产业地域联动的测度方法及其应用探讨 [J]. 经济地理, 2007 (6): 952 – 956.

[40] 石磊, 高帆. 地区经济差距: 一个基于经济结构转变的实证研究 [J]. 管理世界, 2006 (5): 35 – 41.

[41] 宋学明. 中国区域经济发展及其收敛性 [J]. 经济研究, 1996 (9): 38 – 44.

[42] 孙久文. 区域经济规划 [M]. 北京: 商务印书馆, 2004.

[43] 孙久文, 等. 走向2020年的我国城乡协调发展战略 [M]. 北京: 中国人民大学出版社, 2010.

[44] 孙明芳, 王红扬. 产业规划的理论困境及其突破 [J]. 河南科学, 2006 (1): 149 – 152.

[45] 孙施文, 周宇. 城市规划实施评价的理论与方法 [J]. 城市规划汇刊, 2003 (2): 15 – 22.

[46] 覃成林, 李二玲. 中国南北区域经济差异研究 [J]. 地理学与国土研究, 2002 (4): 76 – 78.

[47] 覃成林, 区域协调发展机制体系研究 [J]. 经济学家, 2011 (4): 63 – 70.

[48] 覃成林. 中国区域经济差异研究 [M]. 北京: 中国经济出版社, 1997.

[49] 汤海孺. 不确定性视角下的规划失效与改进 [J]. 城市规划学刊, 2007 (3): 25 – 29.

[50] 唐德祥, 孟卫东. R&D与产业结构优化升级——基于我国面板数据模型的经验研究 [J]. 科技管理研究, 2008 (5): 85 – 89.

[51] 万广华, 陆铭, 陈钊. 全球化与地区间收入差距: 来自中国的证据 [J]. 中国社会科学, 2005 (3): 17 – 26.

[52] 万广华. 经济发展与收入不均等：方法和证据 [M]. 上海：三联书店，上海人民出版社，2006.
[53] 王小鲁，樊纲. 中国地区差距的变动趋势和影响因素 [J]. 经济研究，2004 (1)：33 - 44.
[54] 王燕梅，等. 城市创业能力 [M]. 北京：中国经济出版社，2005.
[55] 王岳平，王亚平，王云平，等. 产业技术升级与产业结构调整关系研究 [J]. 宏观经济研究，2005 (5)：32 - 37.
[56] [英] 威廉·配第. 政治算术 [M]. 陈东野，译. 北京：商务印书馆，1978.
[57] 魏后凯. 论我国区际收入差异的变动格局 [J]. 经济研究，1992 (4)：61 - 65.
[58] 魏后凯. 现代区域经济学 [M]. 北京：经济管理出版社，2006.
[59] 邬义钧. 论产业结构优化升级与所有制结构调整 [J]. 中南财经政法大学学报，2003 (3)：37 - 43.
[60] 吴扬，王振波，徐建刚. 我国产业规划的研究进展与展望 [J]. 现代城市研究，2008 (1)：6 - 13.
[61] [美] 西蒙·库兹涅茨. 各国的经济增长 [M]. 常勋，译. 北京：商务印书馆，1985.
[62] 谢建国. 市场竞争，东道国引资政策与跨国公司的技术转移 [J]. 经济研究，2007 (6)：87 - 98.
[63] 辛晓梅. 区域发展战略与规划 [M]. 合肥：中国科学技术大学出版社，2005.
[64] 邢子政，马云泽. 京津冀区域产业结构趋同倾向与协同调整之策 [J]. 现代财经，2009 (9)：50 - 56.
[65] 徐德云. 产业结构均衡的决定及其测试——理论解释及验证 [J]. 产业经济研究，2011 (3)：56 - 63.
[66] 徐建华，鲁凤，苏方林，等. 中国区域经济差异的时空尺度分析 [J]. 地理研究，2005 (1)：57 - 68.
[67] 徐剑明. 日本、印度产业规划策略的缺陷及其启示 [J]. 世界经济研究，2001 (3)：63 - 66.
[68] 徐现祥，陈小飞. 经济特区：中国渐进改革开放的起点 [J]. 世界经济文汇，2008 (1)：14 - 26.
[69] 徐现祥，李郇. 中国省区经济差距的内生制度根源 [J]. 经济学 (季刊)，2005 (S1)：83 - 100.

[70] 徐现祥，舒元．中国省区经济增长分布的演进（1978－1998）[J]．经济学（季刊），2004（2）：619－638．

[71] 许庆瑞，吴晓波．技术创新，劳动生产率与产业结构[J]．中国工业经济研究，1991（12）：9－15．

[72] 鄢一龙，王亚华．经济社会发展规划实施评估方法[J]．经济研究参考，2009（50）：50－55．

[73] 杨德勇，张宏艳．产业结构研究导论[M]．北京：知识产权出版社，2008．

[74] 姚德文．基于制度分析的产业结构升级机理与对策[J]．社会科学，2011（3）：44－52．

[75] 于立．城市规划的不确定性分析与规划效能理论[J]．城市规划汇刊，2004（2）：37－43．

[76] 于良春，付强．地区行政垄断与区域产业同构互动关系分析[J]．中国工业经济，2008（8）：56－66．

[77] [美] 约瑟夫·熊彼特．经济发展理论[M]．何畏，等译．北京：商务印书馆，1990．

[78] 沈正平，简晓彬，施同兵．产业地域联动的测度方法及其应用探讨[J]．经济地理，2007（6）：952－956．

[79] Cullingworth J B, Nadin V. Town and Country Planning in the UK [M]. London: Routledge, 2002.

[80] Kogel T. Youth Dependency and Total factor Productivity [J]. Journal of Development Economics, 2005, 76: 147－173.

[81] Krugman PR. The Myth of Asia's Miracle [J]. Foreign Affairs, 1994, 73: 62－78.

[82] Laurian L, Berke P, etal. Evaluating Plan Implementation: A Conformance－Based Methodology [J]. Journal of the American Planning Association, 2004, 70 (4): 471－480.

[83] Lucas R. On the Mechanics of Economic Development [J]. Journal of Monetary Economics , 1988 (22): 3－42.

[84] Makiw NC, Romer D, Weil DN. A contribution to the Empirics of Economic Growth [J]. Quarterly Journal of Economics, 1992, 107: 407－437.

[85] Peneder M. Industrial Structure and Aggregate Growth [J]. Structural Change and Economic Dynamics, 2003 (14): 427－448.

[86] Miller RE, Blair PD. Input – Output Analysis: Foundations and Extensions (2nd revision) [M]. Cambridge: Cambridge University Press, 2009.

[87] Kpinar M A. Institutional Impacts on Industry Structure: the Block Exemption Regulation [J]. Management Research News , 2007, 30 (3): 173 – 186.

[88] Ngai LR, Pissarides CA. Structural Change in a Multi – Sector Model of Growth [J]. American Economic Review, 2007, 97 (1): 429 – 438.

[89] North D. Institutions Institutional change and Economic Performance [M]. New York: Cambridge University Press , 1990.

[90] Galor O, Moav O. From Physical to Human Capital Accumulation: Inequality and the Process of Development [J]. Review of Economic Studies, 2004, 71 (4): 1001 – 1026.

[91] Pasinett. Structural Change and Economic Growth [M]. Combridge: Cambridge University Press, 1981.

[92] Peneder M. Structural Change and Aggregate Growth [M]. Vienna: Austrian Institute of Economic Research, 2002.

[93] Kaplinsky R. The Role of Standards in Global Value Chains [M]. The World Bank Working Paper, 2010.

[94] Reps J. The Making of Urban America: A History of City Planning in the United States [M]. Princeton, NJ: Princeton University Press, 1965.

[95] Sabatier P A. Top – Down and Bottom – Up Approaches to Implementation Research: A Critical Analysis and Suggested Synthesis [J]. Journal of Public Policy, 1986, 6 (1): 21 – 48.

[96] Emily T. After the Plans: Methods to evaluate the implementation Success of Plans [J]. Journal of Planning Education and Research, 1996, 16: 79 – 91.

[97] Jian T L, Sachs JD, Warner AM. Trends in Regional Inequality in China [J]. China Economic Review, 1993, 7 (1): 1 – 21.

[98] Timmer MP, Szirmai A. Productivity Growth in Asian Manufacturing: the Structural Bonus Hypothesis Examined [J]. Structural Change and Economic Dynamics, 2001 (4): 371 – 392.

[99] Tsui KY. China's Regional Inequality: 1952 – 1985 [J]. Journal of Comparative Economics, 1991 (15): 1 – 21.

[100] Wan G, Lu M, Chen Z. Globalization and Regional Income Inequality:

Empirical Evidence from within China [J]. Review of Income and Wealth, 2007, 53 (1): 35 - 59.

[101] Wildavsky A. If Planning isn't Everything, Maybe it's Nothing [J]. Policy Science, 1973, 26: 83 - 89.

[102] Amiti M. Specialization patterns in Europe [J]. Weltwirtschaftliches Archive, 1999, 135: 573 - 593.

[103] Xu C. The Fundamental Institutions of China's Reforms and Development [J]. Journal of Economic Literature, 2011, 49 (4): 1076 - 1151.

[104] Stough R R. Merging quantitative and expert response data in setting regional economical development policy; methodology and application [M]. Washington, DC: Paper Presented at the 19th Annual Research Conference of the Association for public Policy Analysis and Management, 1997.

[105] Ellison G, Glasper E. Geographic Concentration in U. S. Manufacturing Industries: A Dartboard Approach [J]. Journal of Political Economy, 1997 (105): 889 - 927.

[106] Henderson J. Marshall's Scale Economies [J]. Journal of Urban Economics, 2003 (53): 1 - 28.

[107] Mauler F, Sedillot B. A Measure of the Geographic Concentration in French Manufacturing Industries [J]. Regional Science and Urban Economics, 1999 (29): 575 - 604.

[108] Zeng DZ, Zhao L. Globalization, Interregional and International Inequalities [J]. Journal of Urban Economics, 2010, 67 (3): 352 - 361.

后 记

改革开放以来，我国的经济以惊人的速度，取得了令世界瞩目的辉煌成就，创造了世界经济发展史上的奇迹，然而，深入研究各地的产业发展后发现我国大多数地区的高速经济增长，主要还是依靠钢铁、水泥等建筑材料，以炼油和合成材料为主的石油化工，以及电力、有色金属等基础工业的扩张实现的。由于这种主要依靠外延式扩大再生产来获得经济增长的发展模式极大地消耗了我国的资源和能源，因此目前的供应日趋紧张，各地为此都付出了沉痛的代价。

转变经济增长方式，根据各地的资源环境承载能力和基础设施支撑条件等，引导我国产业发展和规划走向健康、有序之路；构建一个疏密有致、集约化、高效率、节约型的产业发展空间；协调资源环境与产业发展的关系等问题，基于绿色生态理念对城市的产业发展进行科学的规划和设计，成为当前产业规划的一个极其紧迫的课题。本书是作者梳理了国内外相关理论，根据近些年的实践经验，提出的一套比较适应当前我国城市产业发展规划设计的系统理论。本书在写作过程中兼顾了理论性、实践性和应用性，不仅可以作为相关专业的学生和专业人员的参考教材，也对我国城市的产业发展和规划具有一定的理论和实践参考价值。

本书历经2年完成，在写作的过程中得到了清华大学吴甦教授的指点，他为本书多处提出了宝贵的指导意见，在此深深地感激吴教授的帮助。

感谢我的妻子和儿子，是你们的默默的鼓励与支持，给了我莫大的安慰，让我有了继续坚持下来的动力和勇气。

衷心祝福所有帮助过我的亲人和朋友永远健康，一生幸福！

仲崇文

庚子初夏于清华园